FAKE NEWS

Salut, je suis Razy, Kevin Razy !
Avec moi, tu vas apprendre à déjouer les théories du complot de la vilaine FAKE NEWS !
Pschitt pschitt

Conforme à la loi n° 49-956 du 16 juillet 1949
sur les publications destinées à la jeunesse.

57, rue Gaston Tessier, 75019 Paris.
ISBN : 978-2-7324-8911-7
Dépôt légal : mars 2019

www.lamartinierejeunesse.fr

KEVIN RAZY - HAMZA GARRUSH

FAKE NEWS

ÉVITE DE TOMBER DANS LE PIÈGE !

Illustrations de **LIONEL SERRE**

De La Martinière
Jeunesse

INTRODUCTION

Si tu lis cette phrase, c'est que tu sais lire, et ça c'est important.
Car ce sera la seule qualité qu'on te demandera d'avoir face à des informations qui circulent et qui sont totalement fausses – celles qu'on appelle INFOX en français, mais le terme est aussi moche que « courriel » pour dire « e-mail », alors nous, on va faire les Cainris et on va appeler ça des... Fake News.

Je suis sûr que ça t'est déjà arrivé de partager un article juste parce que le titre était fou, alors que tu n'avais même pas lu le contenu. Je suis aussi persuadé qu'une fois sur trois, tu t'es même retrouvé à faire un commentaire en poussant un coup de gueule alors que tu n'avais même pas ouvert l'article.

Bref, si c'est pas le cas, tant mieux, si c'est le cas, tant mieux aussi. Car ce livre va te faire du bien.

Tout ce qu'on te demandera, c'est juste de lire, de bien lire. Si tu lis bien, si tu lis tout, normalement, tu as de fortes chances de ne pas plonger dans du « Fake ».

Pour t'éclairer, t'apprendre des choses, te donner des sources fiables, etc., j'ai pas fait ça tout seul mais j'ai bossé avec le sociologue Hamza Garrush. Il a assuré franchement, car c'était pas facile. En espérant que tu kiffes tellement ce bouquin que tu le recommandes à tout ton entourage et que t'en parles sur tes réseaux et que... pardon. Je m'enflamme.

Avec Hamza, notre but c'est que tu apprennes au moins une chose que tu ne savais pas du tout, que tu te marres en même temps, et que tu ne te laisses plus piéger !

Bonne lecture.

SOMMAIRE

« Twitter is coming. »

CHAPITRE 1

GAME OF NEWS

« ON PEUT PASSER POUR UN HONNÊTE HOMME ET TRICHER AU JEU SANS QUE NUL VOUS SOUPÇONNE. »

TRISTAN BERNARD,
CONTES, *RÉPLIQUES ET BONS MOTS*, 1964.

« IL FAUT TOUJOURS EN REVENIR AUX ORIGINES ET S'EN REMETTRE À SOI-MÊME. UN ESPRIT CLAIR ET UN BON SENS BIEN DROIT DOIVENT DISTINGUER, NATURELLEMENT, ENTRE LE POSSIBLE ET L'IMPOSSIBLE... »

IBN KHALDÛN,
DISCOURS SUR L'HISTOIRE UNIVERSELLE AL-MUQADDIMA, 1403.

L'HISTOIRE ET L'ORIGINE DE LA FAKE NEWS

1.

FAKE NEWS OR NOT FAKE NEWS

2.

L'HISTOIRE DE LA FAKE NEWS

FAKE NEWS OR NOT FAKE NEWS ?

C'EST SÛR, TU T'ES DÉJÀ **POSÉ LA QUESTION !**

On connaissait le mot "FAKE" sur le Net quand quelqu'un poste un truc faux. Et pour être honnête, c'est Donald Trump qui a rendu célèbre l'expression "fake news" ; mais pas forcément pour les bonnes raisons. Aujourd'hui, cette expression anglaise est entrée dans le langage courant en France, et même le gouvernement veut faire une loi sur ce phénomène.

FAKE NEWS ?

À la base cela voulait dire « infos truquées » comme ce que tu peux retrouver dans Le Gorafi ou dans des émissions satiriques comme *Les Guignols de l'info*. Maintenant si tu entends ou utilises cette expression c'est surtout pour dire « fausses informations » dont l'expression anglaise la plus proche serait « false news ».

False news...?
Vas-y tu commences à m'embrouiller là.

FALSE NEWS ?

Attends, je t'explique... « Fake » veut avant tout dire « imitation », le mot « false » désigne réellement l'idée d'information erronée c'est-à-dire fausse. Donc tu peux voir aujourd'hui dans l'utilisation de l'expression fake news cette même idée.
Il y a deux choses à retenir pour parler d'information fausse : d'abord que c'est faux (soit c'est inexistant, soit ce n'est pas exactement ça) et ensuite que c'est *validé* en majeure partie par les réseaux sociaux.

POST-VÉRITÉ ?

C'est une expression qui désigne des circonstances dans lesquelles l'appel aux émotions a plus d'influence pour modeler l'opinion publique que la mention de faits objectifs. Les politiques, par exemple, en sont bien conscients en période électorale. Le simple fait d'entendre une personne déclarer avec conviction « On vous ment ! » ou « Vous pouvez aller vérifier l'info vous-même » peut suffire à te donner l'impression que tu peux avoir confiance en elle.

Que ce soit des fake news, des « false news », des théories du complot, des mythos, des légendes urbaines, d'une manière ou d'une autre tu es et tu seras confronté à des fausses informations. Que tu y aies cru ou que tu t'y sois opposé, l'idée c'est que tu puisses savoir les reconnaître et comprendre comment les déjouer.

L'HISTOIRE DE

DE LOUIS XIV AU RAPPEUR TUPAC

Selon l'historien Robert Darnton, l'histoire a toujours été traversée par ce qui ressemble à « l'épidémie actuelle de fake news ». D'ailleurs, au XVIIe et XVIIIe siècle on faisait déjà en sorte de trouver une manière de bien les désigner : « fausses nouvelles » ou « faux bruits » par exemple. Et c'était déjà préoccupant pour les journalistes de l'époque comme Pierre Bayle qui disait en 1702 : « qu'il serait à souhaiter qu'on chargeât quelqu'un de marquer à la fin de chaque année tous les faux bruits qui auraient couru ». T'imagines ? En 1702, il pensait déjà à l'idée de réunir toutes les fausses rumeurs pour ne pas les oublier. Il voulait inventer la presse people quoi ! Que ce soit pendant les guerres ou des situations politiquement tendues, on a toujours cherché à influencer ou à faire réagir les populations à travers de fausses nouvelles qu'on qualifierait de fake news aujourd'hui. L'idée reste la même, mais les outils et les techniques changent. Parfois cela venait des puissants, mais parfois aussi de rumeurs populaires, c'est-à-dire nées dans les marchés, dans les tavernes, etc. – l'équivalent de Twitter aujourd'hui. Ce qui est intéressant, c'est de connaître quelques fausses nouvelles historiques pour comprendre leur logique et leur origine. Et puis c'est toujours sympa à ressortir dans une soirée !

LA FAKE NEWS

1522

Pierre l'Arétin essaie de manipuler l'élection pontificale en créant des fausses nouvelles qu'on appelait des « pasquinades » : il avait collé des sonnets cruels contre les concurrents des Médicis (ses protecteurs) sur le buste de la statue Pasquino à Rome. Une vraie caillera !

Printemps 1561

En pleine guerre de Religion, des fausses nouvelles et des rumeurs d'insurrections des protestants circulent à Lyon et dans ses alentours, alimentées par les élites de la ville.

Été 1715

Le roi Louis XIV ne peut rien contre les multiples fausses annonces de sa mort qui parcourent le royaume durant plusieurs mois jusqu'à son décès réel en septembre.

Été 1789

Durant l'élan révolutionnaire, pendant la célèbre période de la « Grande Peur », la propagation de diverses fausses nouvelles, où il était question d'armées de brigands qui n'ont jamais existé, a créé un énorme vent de panique dans la quasi-totalité du pays.

Ce sont là quelques exemples de fake news, mais c'est évidemment lorsque les moyens de communication et de diffusion se sont modernisés que ces « fausses nouvelles » ont gagné en intensité. Et en retweet !

« ENTRE L'INFORMATION ET LA PROPAGANDE, IL Y A AU MOINS UNE DIFFÉRENCE DE DEGRÉ ET D'INTENTION. L'INFORMATION SE VEUT INFORMATION, C'EST-À-DIRE COMMUNICATION DE DONNÉES DONT L'INFORMÉ FERA CE QU'IL VEUT. ELLE S'ADRESSE À LA SEULE INTELLIGENCE QU'ELLE ENTEND MEUBLER DE CONNAISSANCES. L'INTELLIGENCE JUGERA. LA PROPAGANDE SE VEUT PROPAGANDE, C'EST-À-DIRE INFLUENCE SUR CELUI À QUI ELLE S'ADRESSE. ELLE VEUT CONVAINCRE. »

LOUIS SALLERON,
COMMENT INFORMER HONNÊTEMENT, 1965.

LA PROPAGANDE : COMMENT EST UTILISÉE LA FAKE NEWS

1.

PROPAGANDE POLITIQUE

2.

PROPAGANDE COMMERCIALE

PROPAGANDE POLITIQUE

PROPAGANDE : en France son usage moderne commence pendant la Révolution de 1789. Les révolutionnaires vont reprendre ce terme à l'Église catholique qui l'utilisait pour parler des moyens à employer afin de contrecarrer la Réforme protestante. Pour les révolutionnaires, il s'agissait de contredire l'Ancien Régime et tout son système.

PROPAGANDE POLITIQUE :
à notre époque c'est l'usage du terme que tu rencontreras le plus, que ce soit dans les livres ou dans les médias. Mais il faut bien savoir qu'il peut renvoyer à deux réalités très différentes, voire opposées. La propagande en contexte démocratique désigne simplement le fait de propager des opinions et des idées politiques. Dans ce cas on l'appelle plus souvent « communication politique », et plusieurs discours peuvent cohabiter (pluralisme). Dans un contexte totalitaire ou dictatorial, la propagande consiste à propager une seule opinion, croyance ou logique pour manipuler la population – tout ceci étant contrôlé par des appareils d'État.

En revanche, il y a un risque bien réel que la propagande en contexte démocratique se mette à pencher vers des réflexes totalitaires, comme c'est le cas avec la manipulation des informations et l'usage de fake news...

LOI DU 29 JUILLET 1881 :
tu l'as très certainement vue au moins une fois mentionnée en grand sur des murs d'affichage. C'est l'une des lois qui encadrent la diffusion d'opinions ou d'idées en rendant répréhensible pénalement la diffusion de « fausses nouvelles ». Elle définit légalement la liberté d'expression et de la presse en instituant une responsabilité pénale en cas de diffamation, incitation à la haine ou discrimination.

« Si l'on parvenait à comprendre le mécanisme et les ressorts de la mentalité collective, ne pourrait-on pas contrôler les masses et les mobiliser à volonté sans qu'elles s'en rendent compte ? »

(Edward Bernays *dans Propaganda*, 1928)

Edward Bernays figure parmi les plus illustres « spin doctors », ce qui signifie littéralement « docteurs de la manipulation », spécialistes du « lobbying » – aujourd'hui on préfère utiliser le terme de « relations publiques ». Celles-ci consistent à modeler l'opinion dans les intérêts d'une entreprise, d'un candidat ou d'un responsable politique.

Bernays était parmi les premiers aux États-Unis à utiliser la science pour manipuler les opinions des consommateurs mais aussi et surtout celles des électeurs. Et c'est ce type de travail qui a inspiré les propagandes qui ont installé les totalitarismes européens des années 1930.

Si tu veux, la manipulation c'est comme un très bon tour de magie : on utilise la science (techniques et outils) pour créer une illusion que les spectateurs croient vraie et tant que tu ne vois pas ou ne connais pas les secrets de sa fabrication (les trucs), tu restes sous le coup du tour… Moralité : il faut dévoiler les coulisses de la fabrication pour éviter de tomber dans le panneau.

C'est à ce dévoilement que les sciences humaines participent : **la sociologie, l'histoire, la psychologie sociale, la psychologie politique et même la philosophie**, comme analyse de l'argumentation. En démocratie, on est libre de convaincre, mais cela doit être fait sans manipulation !

Si la manipulation des opinions politiques est interdite par la loi, il en est de même dans le domaine commercial, où la fake news a aussi tendance à se répandre.

PROPAGANDE

DOL

« Le dol est une cause de nullité de la convention lorsque les manœuvres pratiquées par l'une des parties sont telles qu'il est évident que, sans ces manœuvres, l'autre partie n'aurait pas contracté », article 1116 al. 1 du code civil.

DOLUS BONUS (LE « BON DOL »)

C'est par exemple le boniment du commerçant, comme la publicité qui te dit que tu auras du succès avec les filles grâce à son gel douche (crois-moi, ça marche pas) ou que tu seras plus belle si tu utilises cette crème (c'est peut-être bon pour la peau… mais la beauté, c'est relatif hein ?). Il s'agit donc d'une exagération classique, identifiable et acceptée dans le monde commercial.

DOLUS MALUS

C'est celui qui est concerné par la loi, c'est-à-dire le fait de manipuler l'information commerciale (publicitaire ou même technique), soit en rajoutant une donnée fausse (dire qu'il y a des vitamines alors que c'est faux), soit en cachant ou maquillant une information nuisible à la vente (en trafiquant le relevé de pollution d'une voiture, par exemple).

COMMERCIALE

LE CAS PERRIER VS. VOLKSWAGEN

Perrier, 1990 : dans quelques échantillons, on mesure que le taux d'un gaz, le benzène, est légèrement supérieur à la norme, sans toutefois que cela puisse nuire à la santé des consommateurs. Cette information qui devait rester interne se retrouve à la une des journaux sous un angle beaucoup plus dramatique alertant sur un faux danger. La marque doit se lancer dans une gestion de crise historique en rappelant l'ensemble de ses bouteilles vendues dans le monde et en s'engageant à davantage de transparence.

Volkswagen, 2014 : la marque aux 2 lettres fait une percée sur le marché automobile américain – dominé par les moteurs à essence – en mettant en avant la performance mais surtout la propreté de ses moteurs diesel, a priori moins polluants. En 2014, des tests indépendants révèlent non seulement que c'est faux mais également que la marque avait mis au point un vaste système de triche pour masquer cette donnée. Cette affaire a pour conséquence d'accentuer la méfiance des consommateurs à l'égard des arguments commerciaux employés par les marques.

« UNE PIÈCE DE THÉÂTRE DOIT ÊTRE UN COMPLOT ENTRE L'AUTEUR ET LES SPECTATEURS. »

PAUL MORAND,
L'EAU SOUS LES PONTS, 1954.

COMPLOT OU FAKE NEWS ?

1.
COMPLOT ET THÉORIE DU COMPLOT

2.
QUAND LA FAKE NEWS ALIMENTE LES THÉORIES DU COMPLOT

L'opération Walkyrie (ou « complot du 20 juillet 1944 ») est la 23e tentative d'assassinat contre Adolf Hitler. Orchestrée par des membres de la résistance allemande pour mettre fin au régime nazi et à la Seconde Guerre mondiale, elle s'est malheureusement soldée par un échec.

L'opération Charlotte Corday est la tentative d'assassinat organisée le 22 août 1962 contre Charles de Gaulle par des membres de l'OAS (Organisation armée secrète), fervents défenseurs de l'Algérie française et de la colonisation, après qu'il eut signé les accords d'Évian prévoyant la fin de la présence française en Algérie. Le nom de l'opération fait référence à une des femmes emblématiques de la Révolution française qui avait pris l'initiative d'assassiner le député montagnard Marat car il était impliqué dans une sévère répression contre les Girondins.

COMPLOT : généralement, ce terme désigne le fait de préparer une action dans la plus grande discrétion (surtout dans le domaine politique), en mobilisant plusieurs personnes avec un objectif commun. L'histoire a toujours été jalonnée de complots réussis ou ratés qui ont contribué aux alternances de pouvoir ou de guerre dans le monde.

Le putsch du 11 septembre 1973 : ce jour-là, de manière tout à fait spectaculaire, le général Pinochet réalise un coup d'État contre le président socialiste élu démocratiquement, Salvador Allende (médecin de profession), conduisant à sa mort ainsi qu'à celle de la démocratie au Chili, jusqu'à la fin des années 1990. Après des années d'enquête, la déclassification d'archives confirmera l'existence d'un complot organisé par la CIA et une junte militaire chilienne, avec la bénédiction du gouvernement des États-Unis de Richard Nixon, pour stopper la démocratie et supprimer Allende. *La Casa De Papel* à côté, c'est de l'eau !

COMPLOT ET THÉORIE DU COMPLOT

THÉORIE DU COMPLOT

Pour les partisans de cette théorie, le monde serait gouverné par un groupe occulte de puissants conspirateurs animés de mauvaises intentions, qui feraient tout pour nous cacher la vérité et nous manipuler par des « versions officielles » qu'il ne faudrait jamais croire. Les complotistes sont ainsi souvent amenés à établir des connexions entre des faits qui n'ont a priori aucun lien entre eux (leur crédo : « Coïncidence ? je ne crois pas ! »), et s'alimentent de tout ce que la version officielle n'explique pas. Les chercheurs s'accordent à dire qu'il est inutile d'essayer de réfuter ces théories car tout argument qui leur est opposé devient, par définition, pour celui ou celle qui y adhère, une preuve de leur existence.

ESPRIT CRITIQUE : bien souvent ceux qui adhèrent aux théories du complot invoquent l'esprit critique. Avoir un esprit critique est bien sûr essentiel pour rester éclairé et pour préserver sa liberté. Mais cela implique en réalité de la méthode, de la patience et de la prudence dans notre manière d'interpréter les informations que nous recevons. L'esprit critique consiste d'abord à se méfier de tes propres certitudes : c'est d'ailleurs le point de départ de toute démarche scientifique.

COMPLOTS & FAKE NEWS : bien souvent les comploteurs usent de fake news pour déstabiliser l'opinion et continuer d'avancer masqués. Par exemple, dans le cas de l'attentat contre le général de Gaulle, l'un des principaux accusés inventa l'existence d'une « taupe » complice à l'Élysée pour créer la panique dans l'État et générer un emballement médiatique.

QUAND LA FAKE NEWS ALIMENTE LES THÉORIES DU COMPLOT

Fake news & théorie du complot : dans le documentaire canular sorti en 2002, *Opération Lune*, on montre comment un très célèbre cinéaste américain, Stanley Kubrick, aurait mis en scène l'épisode historique du pas sur la Lune d'Armstrong en 1969 dans un studio hollywoodien. Cette fake news, qui jouait avec l'incrédulité de ceux qui avaient du mal à croire au fait qu'on ait marché sur la Lune, s'est retrouvée au fondement d'une importante théorie du complot qui considère que non seulement l'événement n'a jamais eu lieu mais aussi que sa réalisation serait impossible.

EN BREF

Les complots sont des faits avérés et relativement classiques dans l'Histoire, souvent découverts et compris bien longtemps après qu'ils ont eu lieu. Les théories du complot sont en revanche des croyances qui considèrent systématiquement tout ce qui est officiel comme lié à des complots obscurs fomentés par des cercles secrets (comme les Illuminati, les francs-maçons ou les reptiliens). Les théories du complot se fondent souvent sur des fake news qui ont résisté au temps et auxquelles on adhère d'autant plus qu'on n'a pas pris le soin de les vérifier.

Le corps d'Hitler : l'histoire de la mort d'Hitler est le parfait exemple d'un mélange entre fake news et complot. Les Soviétiques furent les premiers des Alliés à parvenir au bunker du Führer. Ce sont donc eux qui ont assuré au monde que le chef nazi avait été retrouvé mort après s'être suicidé. Les Américains, les Britanniques et les Français auraient bien aimé voir le corps mais Staline, dirigeant de l'URSS, assura qu'il avait été enterré dans une forêt en Allemagne. Malgré leur insistance, les Occidentaux n'arrivèrent pas à obtenir des informations précises pour le vérifier et Staline, s'amusant de la situation, ajouta à la confusion en laissant échapper des fake news comme le fait qu'on aurait aperçu Hitler vivant en Argentine. Jusqu'à aujourd'hui, les informations historiques solides sur la localisation de la dépouille d'Hitler sont minces et c'est précisément ce genre de situation qui permet à des théories du complot de fleurir.

Fake news & Science : avec l'explosion d'Internet, les théories du complot se sont popularisées et renforcées à travers le monde. C'est ainsi que la théorie « platiste », c'est-à-dire la croyance mythologique que notre Terre est plate et que le Soleil et la Lune ne sont que des disques tournant autour de la Terre, a vu le nombre de ses adeptes se multiplier dramatiquement ces dernières années. Bien qu'elle prétende s'appuyer sur des soi-disant preuves scientifiques, cette théorie représente surtout une contestation de la science qu'elle qualifie d'« officielle ». On ne veut plus faire confiance à la science qui serait contrôlée politiquement, donc on cherche des explications ailleurs.

« CHACUN TOURNE EN RÉALITÉS,
AUTANT QU'IL PEUT, SES PROPRES SONGES :
L'HOMME EST DE GLACE AUX VÉRITÉS ;
IL EST DE FEU POUR LES MENSONGES. »

JEAN DE LA FONTAINE,
LE STATUAIRE ET LA STATUE DE JUPITER,
FABLES, 1678.

NO NEWS = BAD NEWS

1. LE BESOIN D'ÊTRE INFORMÉ

2. LES CHAÎNES D'INFORMATION EN CONTINU

LE BESOIN D'ÊTRE INFORMÉ

SOCIOLOGIE & INFO

Nous sommes des animaux politiques, disait Aristote. Nous n'avons pas seulement le besoin grégaire de nous regrouper, de nous suivre… de faire les moutons en gros. Nous avons aussi et surtout besoin de nous raconter des choses. Ce que nous nous racontons nous permet de créer du lien ou de l'alimenter. Et contrairement à un cliché répandu : ce besoin concerne aussi bien les hommes que les femmes, et dans les mêmes proportions. Les informations représentent une source importante de sujets de discussion : c'est pour cette raison que leur vérification n'est pas toujours notre première priorité…

PSYCHOLOGIE & INFO

Le rapport que nous avons avec les informations est souvent lié à un besoin psychologique. Comme le montre la professeure de psychologie du développement Agnès Blaye, nous avons besoin de catégoriser notre réalité, c'est-à-dire que nous avons besoin de ranger dans des tiroirs (catégories) les faits et les personnes qui nous entourent. L'exemple classique pour les enfants est la catégorisation des personnes entre les méchants et les gentils. Du « gossip » entre amis aux unes des journaux, toutes ces informations te permettent de créer et remplir des catégories (plus ou moins fiables) pour comprendre plus efficacement ta réalité.

EN CONCLUSION : face à ce besoin naturel d'informations que nous avons tous, il est important de bien faire la différence entre la « discussion de comptoir » que l'on expérimente au quotidien et le besoin citoyen de se nourrir d'une information pertinente et vérifiée. Discuter de tout et de rien est à la base de nos relations, mais se tenir informé en tant que citoyen nécessite une bonne dose d'esprit critique et de clés pour savoir faire le tri.

LES CHAÎNES

L'OBSESSION DU DIRECT ET DU SCOOP

Les chaînes d'information en continu l'annoncent très souvent, voire tout le temps : PRIORITÉ AU DIRECT. Or c'est précisément cette obsession du direct et donc de l'immédiateté de l'information qui pose problème dans leur fonctionnement. Une information, pour qu'elle soit fiable et sérieuse, doit être traitée, c'est-à-dire vérifiée, analysée, avant d'être diffusée : c'est la base du travail du journaliste. Le principe du direct et de la réaction instantanée aux événements, stimulé par la concurrence féroce entre chaînes de télévision pour décrocher « le » scoop et par la propagation éclair des rumeurs via les réseaux sociaux, implique par définition une réduction extrême voire l'absence de ce temps de vérification et d'analyse indispensable à la diffusion d'une information fiable.

AIMANT À INFO, AIMANT À MYTHO

De la recherche du direct, du scoop à l'info-spectacle, il n'y a qu'un pas. Or il est très difficile de faire du direct tout le temps car heureusement il ne se passe pas tout le temps des choses graves ou sensationnelles. Ainsi, pour « meubler », les plateaux de ces chaînes font office d'aimants à toutes sortes d'informations qui pourraient rythmer la chaîne, sans que celles-ci soient nécessairement intéressantes, pertinentes… ou véridiques.

D'INFORMATION EN CONTINU

EXEMPLE DE L'ATTENTAT DE TRÈBES...

23 mars 2018 : un terroriste s'en prend à des CRS puis à des clients dans un supermarché qu'il prend en otage, ce qui va entraîner la mort de 4 personnes et une quinzaine de blessés.

Le jour même : la chaîne BFM TV diffuse un portrait du terroriste en évoquant le fait qu'il a été naturalisé 1 an après avoir été fiché S (c'est-à-dire qu'on l'aurait naturalisé un an après qu'il avait été considéré comme suspect).

Les commentaires scandalisés se multiplient : les gens ne comprennent pas comment une telle chose a pu être possible.

Les faits : le terroriste en question a été naturalisé en 2004, c'est seulement le renouvellement de sa carte d'identité (qui est automatique) qui a eu lieu en 2015.

Selon l'AFP : l'information erronée a été diffusée à de multiples reprises pendant 2 jours, une fois toutes les heures, chaîne d'information en continu oblige.

24 mars 2018 : la chaîne modifie l'information en milieu de matinée mais n'apporte aucun correctif explicite.

ON RÉCAPITULE

(POUR CEUX QUI N'ONT FAIT QUE REGARDER LES DESSINS **ET QUI N'ONT RIEN LU**)

Depuis toujours il y a eu des fausses nouvelles : mais aujourd'hui les moyens de communication ont changé et permettent de les diffuser plus massivement et beaucoup plus rapidement. Le principe d'un complot, c'est le secret, et il y a eu des complots tout au long de l'Histoire. En revanche, prétendre avoir des informations secrètes en mobilisant des fake news, c'est tomber dans les théories du complot.

Quand tu entends parler de complot, réfère-toi aux historiens. Ils ont sûrement déjà creusé le sujet. Ils montrent aussi très souvent que des faits historiques bien connus ne sont pas toujours entièrement élucidés et que la recherche peut continuer à explorer différentes pistes.

Quand tu as un doute sur les qualités d'un produit vantées par la publicité, tourne-toi vers les associations de consommateurs (UFC-Que choisir, 60 millions de consommateurs…). Elles recueillent régulièrement les avis des consommateurs et font leurs propres tests indépendants pour traquer les arnaques et éventuels dangers de certains produits.

Quand tu entends des infos « chocs », notamment en provenance des chaînes d'information en continu, aie le réflexe de les recouper avec d'autres sources. Les grands journaux quotidiens sont souvent plus fiables, car moins soumis à la pression de l'instantanéité.

Souvent et naturellement, le besoin d'avoir et d'échanger des informations l'emporte sur l'intérêt d'être bien informé. Or il vaut mieux être celui ou celle qui cherche sérieusement une information que celui ou celle qui se contente de la consommer, ça évite les erreurs.

La qualité prime sur la quantité et le temps est gage de fiabilité en matière d'information.

Pour déjouer les tentatives de manipulation et de propagande, tu dois t'armer des outils de l'argumentation : si une personnalité politique parle d'économie, par exemple, il faut prendre le temps de vérifier les informations qu'elle utilise, puis de voir les différentes analyses qui en sont faites (c'est ce que nous verrons dans la partie Fake News Hunter !).

S'agissant des analyses, tu trouveras sûrement des avis contradictoires et c'est très bon signe car l'existence d'un débat permet à tous d'exposer ses arguments et à chacun d'en dégager des tendances pour se faire sa propre opinion.

N'OUBLIE PAS l'arme la plus efficace de la recherche scientifique : ne jamais camper sur des certitudes. C'est l'exact opposé du mode de pensée des théories du complot. Un chercheur n'hésite jamais à toujours dire : « je ne sais pas » tandis que le complotiste donne des réponses simples et toutes faites à tout... Or tu en fais sûrement l'expérience tous les jours, la réalité est toujours complexe !

« T'es sûr que c'est pas des fakes ? »

CHAPITRE 2

LA CASA DE NEWS

***« DE TELLES GENS IL EST BEAUCOUP
QUI PRENDRAIENT VAUGIRARD POUR ROME,
ET QUI, CAQUETANTS AU PLUS DRU,
PARLENT DE TOUT ET N'ONT RIEN VU. »***
JEAN DE LA FONTAINE,
LE SINGE ET LE DAUPHIN, FABLES, 1668.

« DE TOUS LES ACTES, LE PLUS COMPLET EST CELUI DE CONSTRUIRE. »

PAUL VALÉRY,
EUPALINOS OU L'ARCHITECTE, 1923.

COMMENT EST CONSTRUITE L'INFORMATION ?

1.

LE CHEMIN ÉDITORIAL

2.

LA PRODUCTION DE LA NEWS SUR LES CHAÎNES D'INFORMATION EN CONTINU

LES FAITS :
Non loin de l'aéroport de Mexico, des nappes de fumée s'élèvent dans le ciel : des automobilistes voient la fumée et appellent les secours. Des journalistes apprennent l'alerte et commencent à chercher à en savoir plus.

UN AVION S'ÉCRASE À MEXICO
JUSTE APRÈS AVOIR DÉCOLLÉ AVEC À SON BORD
UNE CENTAINE DE PASSAGERS.

VOICI COMMENT L'INFORMATION VA SE CONSTRUIRE POUR POUVOIR ÊTRE TRANSMISE AUX GENS...

1

LE CHEMIN

2

LA COLLECTE DES PREMIÈRES INFOS :
Des journalistes voient des tweets et des photos. Le rédacteur en chef décide de couvrir l'événement en confiant le travail à ses journalistes. Ils vont donc recueillir les informations et vérifier leur exactitude.

3

L'INVESTIGATION :
L'équipe contacte des témoins ou récupère directement les informations sur le terrain : aéroport, lieu de l'accident (si possible), pouvoirs publics, hôpitaux. On mène des interviews, on prend des photos ou on filme.

6

LA PUBLICATION : c'est le moment où toute l'information est vérifiée et diffusée. En l'occurrence, cette fois-ci, il n'y a eu que des blessés légers. Les secours parlent d'un miracle !

ÉDITORIAL

4

LA VÉRIFICATION :
Pendant ce temps, à la rédaction du journal ou de la chaîne de télévision, d'autres journalistes mènent des vérifications par téléphone et sur Internet : ils recensent le nombre de blessés ou de disparus, contactent les experts en aéronautique pour commenter les analyses sur les causes de l'accident, étudient les informations des pouvoirs publics, s'il s'agit bien d'un accident ou d'autre chose…

5

LA RÉDACTION :
Après avoir recueilli des informations détaillées et vérifiées, le journaliste doit se lancer dans l'écriture, quel que soit le support final (presse écrite, télévision, radio ou Internet), en prenant soin de bien répondre aux questions-clés : qui ? quand ? quoi ? où ? comment ? pourquoi ?

LA PRODUCTION DE LA NEWS SUR LES CHAÎNES D'INFORMATION EN CONTINU

Nous allons ici décortiquer l'habillage d'une chaîne d'information en continu.
L'habillage, c'est tout ce qui « habille » l'image : les bandeaux en bas de l'écran, les logos, les écritures, etc.
Et tu vas voir que ce n'est pas uniquement pour faire joli mais que tous ces éléments ont une vraie fonction.

HORAIRE

Il y a l'heure (c'est utile pour ne pas louper ton bus) et la mention DIRECT qui veut dire que c'est diffusé en temps réel. Par contre, si elle n'apparaît pas, c'est qu'il s'agit d'une émission enregistrée ou d'une rediffusion.

SYNTHÉ

C'est la bande tout en bas où généralement il y a le fil d'actualité en continu, mais pendant un débat c'est là qu'on retrouve les « phrases » des invités (souvent les « punchlines »)… On y retrouve aussi les « Alertes Info », c'est lorsqu'une information considérée comme particulièrement importante ou grave est signalée.

GROS TITRE

Parfois c'est le titre du sujet du débat ou de l'actualité et parfois c'est là que se trouvent les commentaires de la rédaction sur le débat… Ce n'est pas forcément le reflet de ce qui est dit sur le plateau.

DEUX FENÊTRES

Comme on est dans un débat, tu as deux fenêtres pour montrer les personnes qui sont opposées. Ce qui est dommage, c'est qu'un débat n'est pas forcément une opposition, un débat ne se résume pas tout le temps à un « pour ou contre ».

PETITE PHOTO

Dans le cas de ce plateau, tu as un débat autour de la mignonnerie et en même temps les suites de l'affaire du tueur en série surnommé le Pékinois. C'est pour cette raison que dans le synthé on trouve une superposition de deux choses qui n'ont rien à voir : l'Alerte Info était enclenchée pour parler d'un rebondissement dans l'affaire du Pékinois, mais comme le bandeau reprenait les phrases des personnes qui débattent, elles sont apparues en mode « Alerte Info » !

Tous ces codes visent à te retenir le plus longtemps possible sur la chaîne et t'empêcher de zapper, et ça marche ! Les « ALERTES INFO » t'accrochent par le sentiment d'urgence qu'elles génèrent. Les infos défilantes te retiennent car tu peux savoir tout ce qui se passe en parallèle de l'info principale sans avoir besoin de zapper. L'horloge évite que tu décroches pour jeter un œil sur ton portable ou ta montre.

Nous avons là un exemple typique de ce qui pose problème dans ce traitement de l'information. Concrètement, il n'y a rien de faux ni de mensonger. En revanche, le fait que des informations sérieuses et distinctes soient présentées en même temps, dans l'urgence et sans analyse argumentée, peut générer de la confusion et des interprétations erronées.

« LA VIE, C'EST LA COMMUNICATION DE PROCHE EN PROCHE. »

VICTOR HUGO,
PROSES PHILOSOPHIQUES DES ANNÉES 1860-1865, LA MER ET LE VENT.

LA PROPAGATION DE L'INFORMATION

1.

DE L'INFO À TES OREILLES

2.

LA DÉFORMATION DE L'INFORMATION

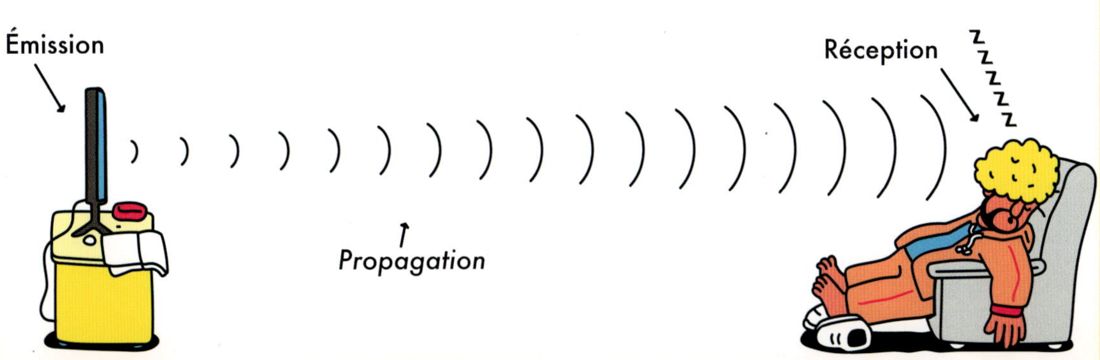

DE L'INFO À TES OREILLES

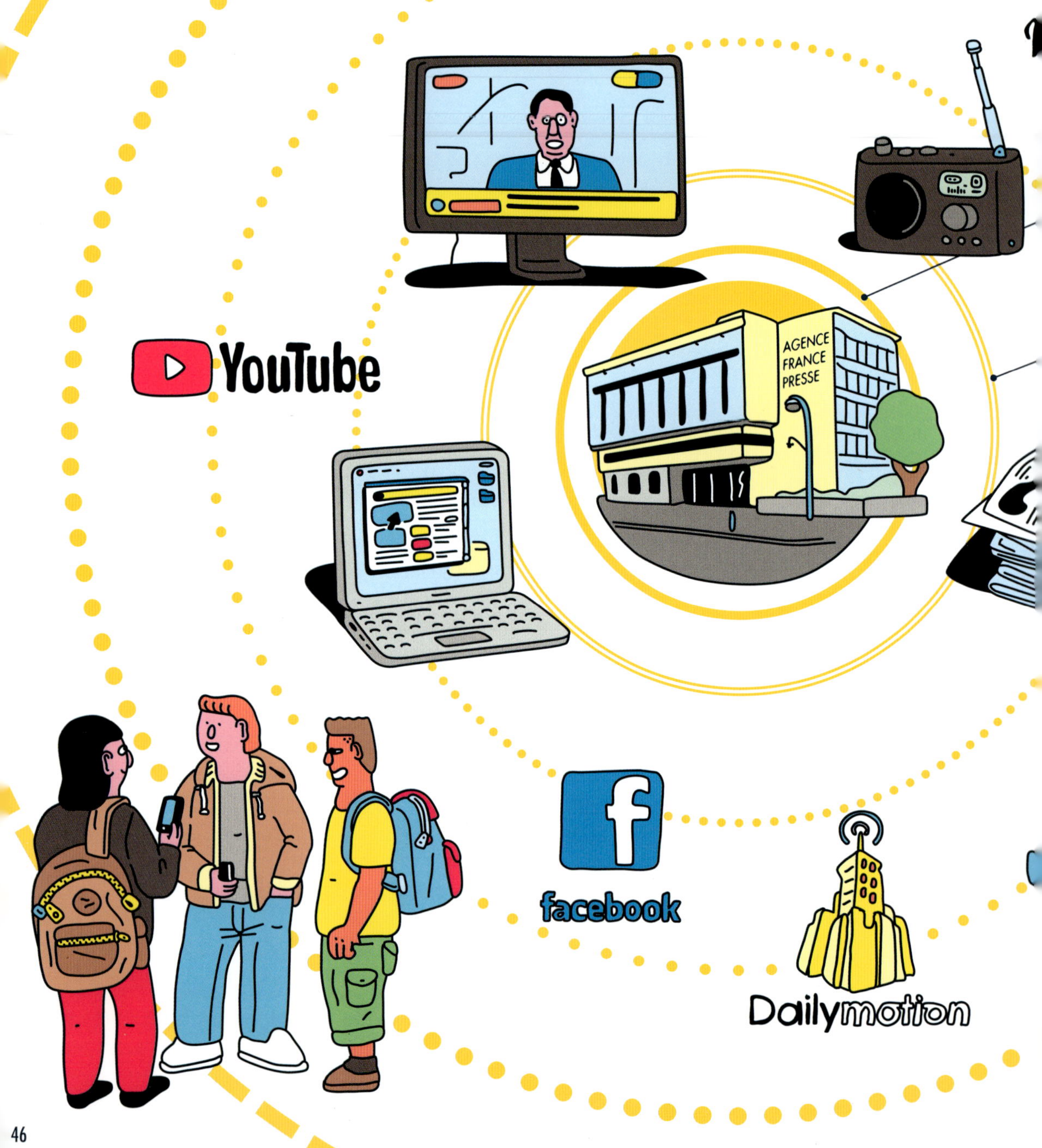

PUBLICATION
une information complète est faite, souvent, par une agence de presse comme l'AFP (Agence France-Presse) ou Reuters (Royaume-Uni).

RADIO, TÉLÉVISION, JOURNAUX PAPIER, JOURNAUX EN LIGNE :
premier cercle de diffusion d'une information. C'est là que tu as le moins de risques de fake news car c'est l'espace du travail journalistique.

TWITTER, FACEBOOK, INSTAGRAM, GOOGLE, YOUTUBE, DAILYMOTION :
deuxième cercle, censé reprendre les news du premier, mais qui diffuse aussi les informations non traitées de millions d'individus ! Si c'est ta première source d'info, il vaut mieux vite aller vérifier dans le premier cercle.

COUR DE RÉCRÉATION, MACHINE À CAFÉ, FAMILLE, COMMERCE : dernier cercle, où l'information est la plus susceptible d'avoir été transformée ou, pire, de n'avoir jamais été vérifiée.

LA DÉFORMATION

MÉMENTO

Le psychologue américain Daniel Gilbert expliquait dans son livre *Et si le bonheur vous tombait dessus* (2007) une réalité assez étonnante : nous « trafiquons » nous-mêmes nos propres souvenirs. On sait aujourd'hui que notre cerveau enregistre tout ce que nous vivons et le mémorise comme dans un disque dur. Cependant, nous ne nous souvenons pas de tout. D'abord, ce serait invivable, et puis nos capacités d'accès à ce disque dur sont très limitées. Ta mémoire est comme un film. Et si tu veux revoir juste une scène, tu es obligé de regarder le film depuis le début. Du coup, pour éviter de buguer pendant des jours, ton cerveau fait des raccourcis, des « montages », comme des « teasers », de ce que tu as vécu avec beaucoup d'arrangements.

TÉLÉPHONE ARABE

En réalité c'est un téléphone universel ! Toute la planète fonctionne de la même manière : un ami te transmet une information, quelques heures après tu la transmets à ton tour à une amie, puis celle-ci à un autre et ainsi de suite, et on finit par se retrouver avec une information bien différente de la toute première. Pourquoi ? D'abord à cause des limites de notre mémoire, mais aussi et surtout parce que les personnes préfèrent remplir leurs trous de mémoire par des « arrangements » avec la réalité, apporter leur propre touche à l'histoire.

DE L'INFORMATION

LA MORT DE BRUCE LEE

Bruce Lee était un acteur et maître d'arts martiaux emblématique du cinéma des années 1960-1970 et populaire dans le monde entier. Il est malheureusement mort prématurément à 32 ans. Alors même qu'il n'y avait pas d'épais mystère sur les circonstances de sa mort, la légende a créé, de bouche à oreille, une confusion avec la mort de son fils, Brandon Lee, mort accidentellement à l'âge de 28 ans en plein tournage (une arme avait été chargée par erreur).

Ainsi a circulé la fausse information selon laquelle Bruce Lee serait lui aussi mort pendant un tournage et qu'il ne s'agissait probablement pas d'un accident. Cette légende s'est notamment fondée sur son film posthume, *Le Jeu de la mort*, dont la dernière scène s'achève sur un coup de feu après que Bruce Lee s'est lancé sur des hommes en armes. En réalité, le décès de l'acteur est dû à une très mauvaise et rare réaction aux médicaments antidouleurs qu'il prenait : Bruce Lee souffrait beaucoup du dos mais voulait coûte que coûte poursuivre ses entraînements et ses tournages...

« IL N'EST PAS POSSIBLE DE DIRE LA VÉRITÉ, MAIS ON PEUT FAIRE DES MENSONGES TRANSPARENTS : C'EST À VOUS DE VOIR AU TRAVERS. »

JULES RENARD,
JOURNAL, 1902.

COMMENT EST CONSTRUITE UNE FAKE NEWS ?

1.

LA CONSTRUCTION D'UNE FAKE NEWS

2.

LA PROPAGATION D'UNE FAKE NEWS

LA CONSTRUCTION DE LA FAKE NEWS

A FAITS

Élection présidentielle aux États-Unis : les deux candidats principaux, Trump et Clinton, cherchent des soutiens.

B PARODIE

Un site équivalent au Gorafi en France, WTOE 5 NEWS, publie une fausse nouvelle : le pape François soutiendrait Trump.

C RÉCUPÉRATION SÉRIEUSE DE LA PARODIE

Un site américain conspirationniste d'extrême droite publie cette fausse information mais de façon sérieuse.

E RELAI DE LA FAKE NEWS SANS VÉRIFICATION

L'info se retrouve relayée par 960 000 posts Facebook.

F DÉMENTI... MAIS LE MAL EST FAIT

Le pape François se trouve obligé de démentir cette information.

Selon des journalistes américains, il semblerait qu'une partie non négligeable de l'opinion publique soit restée sur la première information.

À QUI PROFITE LA FAKE ?

Bien souvent, une fake news n'est pas « gratuite ». Dans ce cas précis, la fake news a profité au clan Trump qui a pu jouer sur l'influence du pape à travers le monde pour s'attirer la sympathie de l'électorat catholique.

LA PROPAGATION

1

LES FAITS :
UN CAMION ROULE
SUR LA FOULE EN PLEINE
PROMENADE DES ANGLAIS

2

Dès que le caractère volontaire est confirmé, **les réseaux sociaux s'affolent.**

3

NAISSANCE DE LA FAKE NEWS : Prise d'otages au Méridien et au Buffalo Grill.

4

RUMEUR SUR TWITTER : « Prise d'otages au Méridien #Nice #AttentatsNice ».

DE LA FAKE NEWS

5

RELAIS DE LA RUMEUR…

• **Par attribution :** « BFM évoque l'hypothèse d'une prise d'otages par les meurtriers au Méridien sur la promenade des Anglais à Nice. »

• **Par commentaire :** « Les terroristes ils font une prise d'otages au Buffalo Grill alors que c'est même pas halal. »

• **Par question :** « Y a-t-il une prise d'otages à l'hôtel Méridien ? »

• **Par rajout :** « Un assaillant s'était bien retranché dans le Buffalo Grill de Nice, il a été neutralisé et il avait sur lui une arme de poing. »

• **Par la théorie du complot :** « Et pourquoi ils cachent les deux prises d'otages à la télé ? #bfm #Nice »

• **Par justification :** « À noter que je ne parlais pas de prise d'otages, mais d'homme retranché, c'est différent. Mais l'heure n'est pas à la polémique. »

• **Avec critique :** « J'ai pas vu d'infos concernant une prise d'otages. Le mieux est d'attendre les infos officielles pour éviter les bêtises. »

• **Malgré les doutes :** « #Nice Aucune confirmation de prise d'otages, mais ne restez pas dans les rues. »

6

INFORMATION :
« Non, je viens d'appeler le Buffalo Grill de Nice il n'ont rien eu à part un mouvement de foule :) »

La principale caractéristique des rumeurs et des fake news est leur caractère éphémère. Mais dans un monde où l'on suit les informations à chaque minute, une heure de fake news peut avoir de graves conséquences.

C'est surtout lorsqu'elle vient de journalistes ou de médias « crédibles » qu'une fake news se propage plus vite.

« C'EST QUE LA PARODIE NOUS DÉLIVRE D'ADMIRER LES AUTRES, AU LIEU QUE LA COMÉDIE NOUS DÉLIVRE DE NOUS ADMIRER NOUS-MÊMES ; ET AJOUTEZ QUE LA PARODIE NE DISTINGUE POINT ET LIVRE AU RIDICULE TOUT UN HOMME, ALORS QUE LA COMÉDIE SAUVE CELUI QUI RIT PAR LE RIRE ; AINSI LA COMÉDIE NE VA POINT CONTRE LE RESPECT, MAIS LA PARODIE Y VA TOUJOURS... »

ALAIN,
SYSTÈME DES BEAUX-ARTS, 1920.

QUAND LA FAKE NEWS AVANCE MASQUÉE

(ON Y CROIT PARCE QUE C'EST PAS FAUX. PAS PARCE QUE C'EST VRAI.)

1. LES SITES PARODIQUES

2. LES SITES AGRÉGATEURS DE RUMEURS

LES SITES PARODIQUES

La parodie : c'est d'abord le fait de détourner une œuvre connue en lui donnant un ton ludique, comique ou satirique. Sa pratique est aussi partagée que le bon sens, et on la retrouve à toutes les époques. De nos jours, elle est présente dans nos blagues du quotidien et sous diverses formes à la mise en scène plus ou moins sophistiquée : publicités, télévision, cinéma, YouTube, etc. Ce qui nous intéresse, quand on parle de fake news, ce sont les sites parodiques d'informations dont le Gorafi en France (anagramme de « Figaro ») ou le *Daily Show* de Trevor Noah (Jon Stewart avant lui) aux États-Unis, par exemple, ont fait leur spécialité.

LE GORAFI

Site d'information parodique fondé en mai 2012 par l'humoriste Pablo Mira et Sébastien Liebus, qui reprend des informations réelles qu'il détourne avec humour et un ton satirique, ou qui en invente de toutes pièces. L'usage des codes du journalisme rend parfois très (voire trop) crédibles les « fausses informations » qu'il publie, c'est pourquoi à plusieurs reprises ces fake news parodiques ont été reprises à la lettre dans des médias «sérieux».
Ainsi, le 17 février 2017, Le Gorafi titre : « Marine Le Pen propose d'entourer la France d'un mur payé par l'Algérie. » Cette fausse information a été reprise mot pour mot et très sérieusement par un très sérieux journal algérien *Al-Hayat* qui l'a mise en une avec une photo de Marine Le Pen en plein discours.

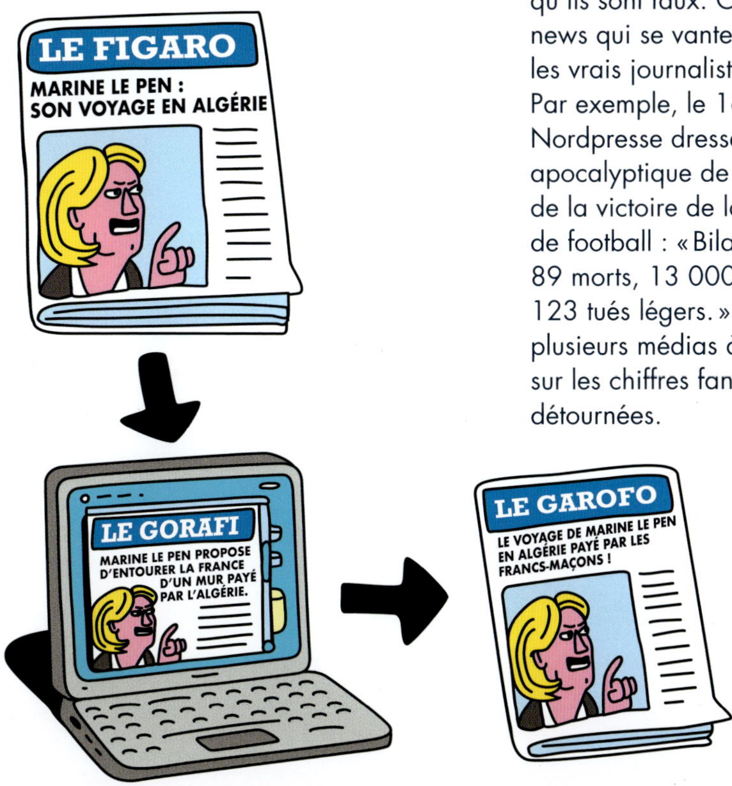

THE ONION

Le père fondateur des sites parodiques, qui a d'abord existé sous la forme papier dès 1988 aux États-Unis. Il détourne l'actualité politique et économique avec un ton satirique et humoristique.
En 2012, The Onion a nommé le dictateur nord-coréen Kim Jung-un « Homme le plus sexy de l'année », et l'info a été prise au sérieux par *Le Quotidien du peuple*, un journal chinois, qui en a fait un article comprenant 55 pages de photos de lui !

NORDPRESSE

Site d'information belge créé en 2014, qui se dit parodique mais qui produit des articles souvent proches de la réalité, sauf qu'ils sont faux. Clairement un site de fake news qui se vante souvent de dérouter les vrais journalistes.
Par exemple, le 16 juillet 2018, Nordpresse dresse un tableau apocalyptique de la soirée de célébration de la victoire de la Coupe du monde de football : « Bilan meurtrier à Paris : 89 morts, 13 000 voitures brûlées, 123 tués légers. » Ce qui a contraint plusieurs médias à publier des démentis sur les chiffres fantaisistes et les images détournées.

LES AGRÉGATEURS DE RUMEURS

AGRÉGATEURS DE RUMEURS

Cet outil bénéfique pour le journalisme n'a pas tardé à être utilisé dans des buts beaucoup moins bien intentionnés. Des études ont démontré qu'une très grande partie des fausses informations est diffusée via de faux comptes derrière lesquels se cachent des news bots. Par ce qu'on appelle le « micro-ciblage » ces news bots identifient les comptes de personnes « réelles » influentes (nombre de « likes », de vues, etc.) et détectent leurs centres d'intérêt. Dans un second temps, ils créent de fausses informations qui correspondent parfaitement à ce qui capte l'attention des personnes ciblées. Il suffit ensuite qu'une seule de ces personnes partage ces fake news pour que la diffusion en soit incontrôlable.

« NEWS BOT » OU ROBOT-JOURNALISME

procédé technique qui s'est beaucoup développé depuis les années 2010, il s'est avéré d'abord un outil très utile pour les journalistes, leur permettant un traitement automatisé d'informations. Lorsque tu vois la quantité astronomique d'informations qui se diffusent sur Internet, tu peux te demander comment font les journalistes pour traiter tout ça. Simple et très pratique le « news bot » est une application web automatisée qui collecte et traite en temps réel les informations sur un sujet précis choisi par le journaliste.

DÉBUSQUER UN BOT

La grande force et en même temps la grande faiblesse des articles écrits automatiquement par ces news bots, c'est qu'on ne les lit jamais attentivement. Or si tu regardes de plus près, tu remarqueras très vite des phrases qui se répètent mécaniquement et qui ne veulent pas dire grand-chose. Dans le cas de robots plus sophistiqués, c'est-à-dire avec une plus grosse capacité de calcul (algorithme), vérifier le lien te révélera très vite si l'info est « fake ».

CONSEIL IMPORTANT

Les spécialistes sont presque tous d'accord pour dire qu'il est inutile de combattre les mensonges véhiculés par les faux comptes. Ces machines automatiques se nourrissent en effet de données et de clics. On ne peut quasiment jamais trouver celui ou ceux qui en sont à l'origine, et si tu cherches à contre-attaquer, ces robots vont encore plus réagir en créant d'autres fausses informations car ils calculeront le fait que cela peut encore plus attirer l'attention. Ce type de robots peut par exemple servir des intérêts politiques ou commerciaux.

POUR CEUX QUI N'ONT FAIT QUE REGARDER LES DESSINS ET QUI N'ONT RIEN LU

ON RÉ

- Une bonne information doit suivre tout un chemin éditorial pour parvenir au citoyen : c'est la responsabilité des journalistes professionnels de s'en assurer.

- Lorsqu'il n'y a qu'un seul canal de propagation, comme le bouche à oreille, l'information finit par se transformer : c'est pour cette raison que la multiplication des canaux de transmission et l'écriture permettent d'assurer le plus possible la fiabilité d'une information.

- Aujourd'hui, deux des plus importantes causes de la diffusion de fake news sont la précipitation et l'obsession du scoop en direct, qui s'opposent au principe de l'enquête journalistique et à la nécessaire analyse critique.

Le problème avec les fake news, ce n'est pas d'y croire mais plutôt de ne pas chercher à les vérifier et de s'empresser de les diffuser.

CAPITULE

La meilleure source d'information, qui reste le plus souvent à l'abri des fake news, reste la presse écrite – avant tout dans sa version papier, les versions web pouvant être plus vulnérables compte tenu de leur capacité à diffuser de l'info en instantané.

→ Les revues et journaux hebdomadaires ou même mensuels permettent a priori une analyse encore plus sérieuse et plus approfondie des faits, et proposent parfois un décryptage des pratiques des médias et de leur rapport avec l'actualité.

Le croisement d'informations permet le plus rapidement et le plus efficacement de vérifier une information, même sur les réseaux sociaux : la méthode reste simple, il faut recouper les informations en fonction des questions basiques : qui en parle ? Dans quels médias ? De quand date l'info ? Comment a-t-elle été relayée ?

→ Parfois ce sont les questions les plus simples et évidentes qui permettent de déjouer les pièges d'une fausse information. Attention, cependant, à une question qui peut poser plus de problèmes qu'elle n'en résout : À qui profite le crime ? L'histoire, la sociologie et l'économie ont souvent montré que ceux qui profitent d'un fait n'en sont pas forcément les responsables.

Les fake news viennent souvent des sites parodiques car ceux-ci partent d'éléments réels qu'ils détournent : l'humour disparaît et une fake news apparaît lorsque des personnes qui espèrent qu'elle soit vraie se mettent à la relayer.

→ Le principal succès d'une fake news réside dans le fait qu'elle ne soit pas tout de suite vue comme impossible. C'est ce qu'on appelle le piège de l'adhésion aporétique : on se dit que si ce n'est ni vraiment vrai ni vraiment faux, alors ça a des chances d'être vrai. Une bonne et solide culture générale immunise assez efficacement contre ce type d'adhésion.

« WTF !? Askip' B. est en couple avec F. alors que
J. avait juste fait une pause après le problème avec M. ??!! »

CHAPITRE 3

GOSSIP NEWS

« QUAND LES RUMEURS PRENNENT LE PAS SUR LA VÉRITÉ. »

« … BLÂMER, SOUPÇONNER, MAUDIRE, RAILLER, CONDAMNER, VOILÀ CE QU'IL Y A AU BOUT DE TOUTE CAUSERIE POLITIQUE OU LITTÉRAIRE, CAR LA SYMPATHIE, LA CONFIANCE ET L'ADMIRATION ONT MALHEUREUSEMENT DES FORMULES PLUS CONCISES QUE L'AVERSION, LA CRITIQUE ET LE COMMÉRAGE. »

GEORGE SAND,
HISTOIRE DE MA VIE, T.3, 1855.

« L'IMPORTANT C'EST DE PARTICIPER ! »
PIERRE DE COUBERTIN,
1908.

PARTICIPATION & COPRODUCTION DE LA NEWS

1.

L'APPEL AUX TÉMOIGNAGES PARTICIPATIFS

2.

JE COMMENTE DONC JE SUIS

L'APPEL AUX TÉMOIGNAGES PARTICIPATIFS

TU VEUX MA PHOTO ?

Certaines chaînes d'information ont pris l'habitude de faire appel à des témoignages de téléspectateurs concernant des faits d'actualité, notamment pour en récupérer des vidéos. Le problème, c'est qu'une vidéo, comme une photo, peut être vraie et non truquée sans pour autant correspondre à l'événement qu'elle est censée couvrir. Sans réelle vérification, ce genre de témoignages peut donc mener à des confusions, voire à des fake news par manipulation. Ces usages de photos ou vidéos sorties de leur contexte sont plus fréquents qu'on ne le pense.

➔ **Par exemple :** une photo d'un policier en sang a été reprise de nombreuses fois par des personnalités politiques sur les réseaux sociaux pour illustrer les violences envers les policiers lors des manifestations contre la « loi travail » en mai 2016, sauf que… la photo datait de 2014 et venait de Thaïlande.

JAMAIS TROP DE TÉMOINS

C'est pour cette raison que les journalistes doivent faire un peu comme la police : il faut recouper plusieurs témoignages, différents points de vue et parfois retourner vers un même témoignage pour obtenir plus de précisions ou s'assurer que la première version donnée reste la même.

#HASHTAG...

Si tu fais partie des « Digital Natives », c'est-à-dire de ceux qui sont nés pendant l'émergence du web, tu connais forcément les « mots-clés » ou, en anglais, « hashtags ». Ce sont eux qui te permettent de faire des recherches sur internet. Ils font aussi la notoriété d'un youtubeur ou d'une youtubeuse, ou encore l'actualité à certaines occasions, comme c'est le cas pour le #MeToo lancé suite à la révélation de l'affaire Weinstein, cet homme influent d'Hollywood accusé de harcèlement et d'agressions sexuels par de nombreuses actrices. Le souci c'est que l'usage de ces « hashtags » n'est pas toujours neutre : des personnes et des entreprises paient (de la dizaine d'euros à des millions) pour valoriser certains hashtags qui leur permettent d'attirer les recherches sur leurs sites ou leurs comptes. Ainsi, il faut rester vigilant quand tu effectues tes recherches sur des sujets d'actualité via des hashtags populaires : ceux-ci peuvent être utilisés pour t'emmener sur des sites qui n'ont rien à voir avec cette actu, et dont la popularité dans les résultats de recherche Google ne garantit pas la fiabilité.

VOX POPULI

Les sites des médias participatifs, type Figarovox, Agoravox ou le blog de Mediapart, posent une difficulté particulière. Tu peux en effet facilement les confondre avec les journaux en ligne, dont ils reprennent les codes visuels, alors que leurs contenus ne sont pas rédigés par des journalistes mais par des personnes exprimant leur opinion. Une théorie ou une opinion tout à fait discutable peut ainsi être partagée comme une information. De ce fait, ces médias ont un intérêt indéniable pour alimenter le débat démocratique et ta propre réflexion, mais tu ne dois pas confondre ces tribunes avec le fruit d'un véritable travail journalistique.

JE COMMENTE DONC JE SUIS

NO READ :

Au début c'était une blague comme Le Gorafi en fait tout le temps : un site américain satirique semblable mais axé sur la science, « The Science Post » (attention à ne pas confondre avec Sciencepost.fr qui est un site sérieux de vulgarisation scientifique), publie un article le 4 juin 2016 avec pour titre « 70 % des utilisateurs de Facebook ne lisent que les titres des actualités scientifiques avant de les commenter ». Les conséquences ont été surprenantes : le *Washington Post* a relevé dans un article du 16 juin 2016 le fait que 46 000 utilisateurs ont partagé le lien de cet article alors qu'il ne contenait que du texte en latin ! Des recherches universitaires ont permis de découvrir que ce fake était probablement bien plus proche de la réalité qu'on ne pouvait le croire. Une étude, « Social Clicks: What and Who Gets Read on Twitter? », publiée en juin 2016 par l'université Columbia (New York) avec l'Institut national de recherche en sciences du numérique (INRIA France), a montré, sur un échantillon significatif de tweets relayant les articles de cinq grands médias, que 59 % de ces liens avaient été partagés sans être lus puisqu'ils n'avaient pas été cliqués. Dingue, non ?

NO COMMENT :

Arnaud Legout, l'un des chercheurs à avoir contribué à cette recherche, fait donc l'observation suivante dans l'article du *Washington Post* consacré à cette étude : « Les gens sont plus disposés à partager un article qu'à le lire. (...) C'est typique de la consommation moderne d'information. Les gens se forgent une opinion fondée sur un résumé, ou un résumé de résumés, sans faire l'effort d'aller plus loin. » C'est ainsi qu'au fur et à mesure que l'info est diffusée, elle s'accompagne de commentaires qui ont potentiellement de moins en moins à voir avec l'information principale. Cette recherche a aussi montré que la popularité d'un article sera établie selon le nombre de partages : c'est-à-dire que plus un article est partagé, plus il sera partagé. Ainsi, un article relayant des fake news, s'il a un titre accrocheur, peut se retrouver partagé et commenté des milliers de fois sur la Toile. Mais popularité ne veut pas dire validité des informations !

COMMENT TAIRE ?

Les commentaires, pour les journaux en ligne, correspondent à ce qu'on retrouve dans la presse écrite dans le « courrier des lecteurs ». C'est une formidable occasion de laisser les lecteurs s'exprimer et apporter aussi leurs suggestions sur le traitement de telle ou telle information. Malheureusement, la modération des commentaires en ligne, qui affluent très vite après la diffusion d'un article, est beaucoup plus complexe que celle de leur ancêtre « papier », et ces commentaires, rédigés de façon hâtive, sont souvent teintés d'une grande virulence, voire de propos haineux. Face à ce constat, qui avait aussi pour conséquence de faire fuir certains lecteurs, de nombreux médias en ligne, que ce soit, par exemple, aux États-Unis le *Chicago Sun-Times* et CNN ou en Europe *Le Vif/L'Express*, ont décidé d'arrêter la possibilité d'émettre des commentaires sous leurs articles. Sans pour autant renoncer à l'interaction avec les internautes, ils ont fait le choix de gérer celle-ci par courriel afin de permettre une meilleure qualité d'échanges et de continuer à se consacrer plus sereinement à l'information.

« JE NE SAIS PLUS QUE FAIRE : J'AI CONSULTÉ DEUX MÉDECINS. LE PREMIER VEUT M'ENVOYER À PAU, POUR UNE MALADIE DE FOIE, ET LE SECOND À FOIX, POUR UNE MALADIE DE PEAU. »

FRANCIS BLANCHE,
PENSÉES, RÉPLIQUES ET ANECDOTES, 1972.

LES SITES PARTICIPATIFS

1.

LES SITES ALIMENTÉS PAR M. ET MME TOUT-LE-MONDE

2.

DU BON USAGE DE WIKIPÉDIA

LES SITES ALIMENTÉS PAR M. ET MME TOUT LE MONDE

FORUMS & SITES COLLABORATIFS : de plus en plus, les forums spécialisés se font le relais de commentaires farfelus sur l'actualité et d'informations non vérifiées, s'éloignant de fait de leur vocation première. Ainsi, le célèbre forum des 18-25 ans jeuxvideo.com, qui servait à la base à échanger des trucs et astuces sur les jeux vidéo, est devenu une vraie tribune où l'on peut lire de drôles de choses (théories conspirationnistes et fake news en l'occurrence). C'est la même chose avec les sites collaboratifs qui se sont développés avec la technologie wiki. Le point commun de ces sites ou pages web est d'offrir un vaste espace libre et très peu modéré d'échanges sur différents sujets. Le terrible inconvénient, tu l'as deviné, c'est que rien ne garantit la qualité des infos et contenus échangés.

Évidemment il y a des exceptions notables comme les sites collaboratifs alimentés par des professionnels qui interviennent librement (Droit-finances.com, commentcamarche.com ou encore Vidal-santé pour le côté médical), mais tu dois veiller à regarder pour chaque site que tu veux consulter : la rubrique « qui sommes-nous » ou la charte de fonctionnement du site. Ceci te permettra de savoir qui intervient sur ces sites et dans quel but.

LES PSEUDO-SITES D'INFO

ILS SE DONNENT DES AIRS SÉRIEUX, MAIS LEUR CONTENU EST À PRENDRE AVEC DES PINCETTES !

Quelques exemples parmi les plus « populaires » :

www.sante-nutrition.org

Le nom fait super-sérieux mais là aussi, il faut se méfier : si les titres des articles sont assez accrocheurs (« Arrêtez la brosse à dents », « Ventre plat en 4 semaines »…), rien ne garantit la validité médicale des informations diffusées, c'est eux-mêmes qui le disent, en tout petit, en bas de leur page : « Toutes les informations, données et éléments contenus, présentés, ou fournis sur Santé Nutrition sont à usage éducatif uniquement. Cela ne doit pas être interprété ou destiné à fournir des conseils médicaux. (…) Nous ne sommes pas médecins et nous ne prétendons pas l'être. » Pour un site qui prétend parler santé, super les gars…

www.topdunet.org

Un site qui présente le « top dans divers domaines » sur le web et propose aux internautes de leur faire partager « les meilleures astuces qui vous facilitent la vie, vous font économiser votre argent et votre temps avec des outils et étapes simples ». Ses articles « Buzz, santé, insolite… » aux titres hyper-accrocheurs sont très relayés sur la Toile. Le hic, c'est que le site se présente aussi comme disposant d'une « expertise dans la création du contenu de marque et la distribution sociale »… Bref, le but ici, c'est de générer du clic et du fric, pas forcément de diffuser des informations fiables.

www.wikistrike.com

Le site reprend les couleurs de Wikipédia mais il n'a rien à voir. Il affiche comme devise que « Rien ni personne ne peut être au-dessus de la vérité », mais malheureusement, il figure parmi les sites qui ont fait circuler le plus de fake news en 2017 d'après une étude des Décodeurs (*Le Monde*).

PRINCIPES DE FONCTIONNEMENT

Wikipédia est le site participatif de connaissance le plus célèbre du web. Il est devenu LE réflexe dictionnaire-encyclopédie en ligne.
Bien sûr, cela a été possible en grande partie grâce au référencement Google (5e site le plus visité au monde : 500 millions de visiteurs chaque mois), mais aussi et surtout grâce au nombre très important de ses contributeurs (22 millions de comptes d'éditeurs à travers le monde, dont 73 000 considérés comme actifs).
Wikipédia se définit comme « une encyclopédie » qui synthétise des connaissances avec méthode et classement. Cependant, ses contributeurs peuvent en libre accès modifier et débattre de la quasi-totalité de ses articles. Le wiki est un système web ouvert, c'est-à-dire que tu n'as pas besoin de reprogrammer un site pour pouvoir écrire dedans : tu peux modifier ce que tu lis directement dans le navigateur. Les principes affichés de son fonctionnement sont ceux de vérifiabilité et de neutralité. Mais en fait de vérifiabilité, les notions de vrai et de faux n'y sont pas vraiment centrales, ce qui compte surtout c'est que les contributeurs soient d'accord entre eux. Jimmy Wales, fondateur de Wikipédia, indique ainsi dans la page « Neutralité du point de vue » que : « Si un point de vue n'est partagé que par une minorité minuscule, il n'a pas sa place dans Wikipédia (sauf peut-être dans un article annexe), qu'il soit vrai ou non, et qu'un participant puisse le prouver ou non. »

DU BON USAGE

WIKI OU ENCYCLOPÉDIE ?

Le site encyclopédique Wikipédia jouit aujourd'hui d'une grande popularité mondiale. Et d'autres sites bénéficient de son crédit du seul fait que leur nom commence par « wiki », alors que wiki n'indique qu'un mode de fonctionnement de publication et d'édition sur le web. On voit d'ailleurs fleurir sur la Toile de nombreux sites thématiques qui se structurent comme des « wikipédia ». C'est généralement inoffensif lorsque ces « wikisites » sont créés par les fans d'une série TV ou d'héroïc fantasy, qui veulent en faire une encyclopédie de l'univers de leur œuvre préférée. Mais cela devient plus embêtant lorsque ce sont des sites polémiques voire haineux, traitant de sujets sensibles comme la politique, la santé, la religion, qui donnent l'impression d'être documentés et sérieux, simplement parce qu'ils se présentent sous la forme « wiki ».

WIKIPRUDENCE

Il y a deux manières différentes de voir et d'utiliser Wikipédia. La première est minimaliste : c'est le cas lorque tu cherches une information ou un élément de connaissance simple (que tu peux trouver un peu partout sur le Net) comme la filmographie d'un acteur, les fonctions politiques d'une personnalité publique ou l'espèce dont fait partie un animal. Généralement ce type de recherches complète ce que tu connais ou que tu peux vérifier très facilement. L'autre manière serait, quant à elle, maximaliste : lorsque tu cherches à découvrir ou à approfondir un sujet complexe, une question pointue, qu'elle soit scientifique, politique ou assimilée – comme par exemple la Révolution française, la théorie du ruissellement en économie ou ce que dit vraiment une religion sur un sujet particulier. Deux obstacles majeurs se dressent alors. D'abord les contributeurs sont rarement compétents sur des sujets nécessitant des années de recherche ou une expertise poussée. La situation se complique encore lorsque le sujet génère des débats. Mais aussi, le principe de neutralité propre à Wikipédia fait qu'une donnée minoritaire (dans le flot des contributions du site), même si elle est parfaitement valide scientifiquement, ne sera pas acceptée. Réaffirmant ce principe, Wikipédia annonçait ainsi en 2007 que s'il avait existé du temps de Copernic (1473-1543), il aurait affirmé que le Soleil tourne autour de la Terre (géocentrisme) et présenté la théorie inverse, défendue par Copernic et scientifiquement démontrée, comme une idée farfelue.

DE WIKIPÉDIA

« LE MENSONGE USURPE LES APPARENCES DE LA VÉRITÉ »

CHRISTINE DE SUÈDE,
1682.

POURQUOI LA FAKE NEWS FONCTIONNE ?

1.

PLUS C'EST GROS, PLUS ÇA PASSE !

2.

UN PEU DE PSYCHO

3.

QU'EST-CE QUI FAIT COURIR LA RUMEUR ?

« POUR 16 MILLIONS D'AMÉRICAINS, **LE LAIT CHOCOLATÉ VIENT DE VACHES MARRON** »

CETTE NEWS A ÉTÉ RELAYÉE PARTOUT !

PLUS C'EST GROS,

1

Des médias français nous annoncent que « 16 millions d'Américains croient que le lait chocolaté vient de vaches marron ! » selon une « étude ».

2

La source originale de tous les médias français est le très réputé *Washington Post* qui parle de 7 % de la population en précisant d'adultes d'où le chiffre de 16 millions soit la population de l'État de Pennsylvanie selon ce journal.

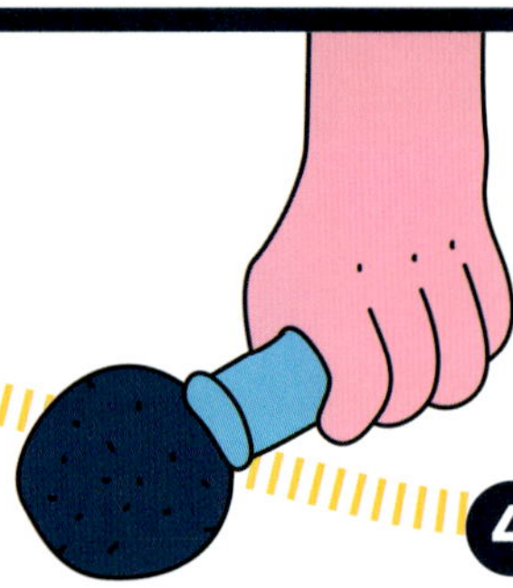

3

Le *Washington Post* se fonde sur un « sondage » (très différent d'une étude) mené par l'« Innovation Center of U.S. Dairy ».

4

Le site de l'« Innovation Center of U.S. Dairy » parle effectivement d'un sondage sur cette question, que l'on retrouve dans le lien « DairyGood.org ».

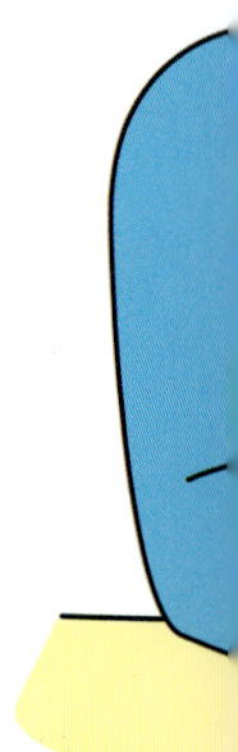

• a • b • c

« DairyGood.org » confirme qu'ils ont mené via leur organisme « Innovation Center of U.S. Dairy » un sondage révélant que « la moitié d'un millier de personnes » soit 500 personnes « ne sont pas sûres d'où vient vraiment le chocolat au lait ».

5

Très difficile d'accéder à tous les éléments du sondage car le site où est cité le sondage renvoie à un autre site qui aurait fait ce sondage, et d'un coup on découvre une boucle.

6

PLUS ÇA PASSE !

7

Après 1 heure et quelques de recherches et vérifications, on découvre que ce n'était pas vraiment un sondage mais une question marketing posée comme ça : « D'où vient le lait chocolaté ? » Réponses :
a) des vaches blanches ;
b) des vaches marron ;
c) des vaches noires.

Ça parle de 16 millions d'Américains selon une étude, alors que c'était à l'origine 500 personnes et tout ça pour une campagne marketing en faveur du lait. Bah bravo !

UN PEU DE PSYCHO

ATTRIBUTION CAUSALE

Derrière cette expression un peu lourde se cache quelque chose de très connu et vécu par tous. C'est Fritz Heider, un psychologue américain d'origine autrichienne, qui a forgé ce terme dans un livre publié en 1958 (*The Psychology of Interpersonal Relations*). Partant du constat que les gens comme toi et moi cherchent tout le temps à identifier les causes des événements auxquels ils sont confrontés (ce qu'on appelle le « raisonnement causal »), il a défini le concept d'attribution causale, c'est-à-dire les processus psychologiques impliqués dans ce raisonnement. Pour faire plus simple, il a cherché à savoir pourquoi ta tête aura plus tendance à voir telle cause plutôt que telle autre derrière un événement. Et il a identifié deux catégories de causes : les causes internes et les causes externes. Exemple : un accident de voiture peut être expliqué par la pluie (cause externe) ou par le peu d'expérience du conducteur (cause interne). Étudier cela va nous permettre de bien comprendre pourquoi et comment on a tendance à plus croire ou accepter une information plutôt qu'une autre.

BIAIS D'ATTRIBUTION

D'abord un biais c'est un truc qui t'empêche de savoir correctement une chose ou qui te la fait voir de manière déformée : comme lorsque tu portes des lunettes aux verres rouges, le rouge sera le biais qui te fera voir la réalité davantage en rouge. Si on reprend l'exemple de l'accident de voiture, la psychologie parle de biais d'attribution dans le raisonnement causal pour décrire ce qui te ferait plus pencher vers la cause interne ou externe. Il y a diverses formes de biais.

BIAIS ACTEUR/OBSERVATEUR : c'est la tendance à expliquer les comportements des autres par des causes internes et le sien par des causes externes.

➔ **Exemple de l'accident :** si les autres ont des accidents, c'est parce qu'ils conduisent mal, et si c'est moi qui ai un accident, c'est parce que… les autres conduisent mal !

BIAIS DE COMPLAISANCE : on explique ses succès par des causes internes et ses échecs par des causes externes.

➔ **Exemple sportif :** j'ai gagné parce que je suis le plus fort, j'ai perdu parce que l'arbitre a été acheté.

BIAIS DE DISPOSITION OU ERREUR FONDAMENTALE D'ATTRIBUTION : on tient à expliquer les comportements des autres par des causes internes alors même qu'on voit de manière évidente que des causes externes sont en jeu.

➔ **Exemple :** un présentateur télé qui pose des questions à des candidats a parfois l'air plus cultivé car sa position et le contexte lui sont favorables. Or on sait très bien qu'il a simplement les réponses sous les yeux et que rien ne prouve qu'il les connaissait avant.

INFORMATION & ATTRIBUTION

Les biais d'attribution et plus précisément l'erreur fondamentale d'attribution jouent un rôle très important dans notre propension à croire et à relayer une information. C'est exactement le cas avec l'exemple de la vache marron qui fait du chocolat au lait. Face à cette information, les médias français (qui ne l'ont toujours pas démentie) ont cumulé les biais d'attribution, jusqu'à accepter et à relayer l'info sans vérification :

- **INFORMATION :** les Américains ont été nombreux à répondre à un sondage que le chocolat au lait vient des vaches marron (LOL).
- **BIAIS ACTEUR/OBSERVATEUR :** s'ils pensent ça, c'est parce que les Américains sont débiles (cause interne).
- **BIAIS DE COMPLAISANCE :** on m'aurait posé cette question je n'aurais jamais répondu une chose aussi débile (je suis trop intelligent… cause interne).
- **ERREUR FONDAMENTALE D'ATTRIBUTION :** même si on me dit que la question de départ était mal posée, je sais que de toute façon les Américains sont loin d'être futés… c'est connu ! (cause interne qui rejette la cause externe évidente.)

QU'EST-CE QUI FAIT COURIR LA RUMEUR ?

ERREUR ET RUMEUR

L'un des espaces privilégiés de propagation des fake news, c'est la rumeur. On peut même dire qu'une fake news est une rumeur fausse trop bien diffusée. Les rumeurs fausses peuvent se répandre très largement si elles confortent une erreur fondamentale d'attribution. La fake news des vaches marron américaines n'est pas la seule du genre. Il existe, par exemple, une rumeur qui dit que des Américains s'enduisaient les yeux de crème solaire pour pouvoir observer une éclipse sans lunettes. Elle s'est diffusée précisément parce qu'en France, on peut être assez nombreux à croire que « les Américains » ne sont pas tellement malins. C'est ce que résume bien l'historien Marc Bloch : « L'erreur ne se propage, ne s'amplifie, ne vit enfin qu'à une condition : trouver dans la société où elle se répand un bouillon de culture favorable. »

TECHNIQUE DE LA RUMEUR

Les sociologues disent que la rumeur a une double nature : la rumeur-information, c'est-à-dire le récit, et la rumeur-échange, c'est-à-dire l'ensemble des échanges qui permettent sa diffusion. Et plus techniquement, la rumeur est « un message dont l'authenticité est discutable et dont le mode de diffusion est anonyme » (Philippe Aldrin).

RUMEUR D'ORLÉANS

En 1969, le sociologue Edgar Morin a étudié dans un livre l'histoire d'une rumeur qui a envahi cette année-là toute la ville d'Orléans. La rumeur racontait que dans des magasins de prêt-à-porter, qui étaient tenus à l'époque par des commerçants juifs, des jeunes filles étaient enlevées dans des cabines d'essayage pour les livrer aux réseaux internationaux de la traite des Blanches (un réseau de prostitution qui enlèverait des femmes « blanches » à travers le monde). Cette rumeur était accompagnée de détails précis : on racontait que dans les cabines d'essayage de ces magasins, il y avait des trappes qui s'activaient après que les jeunes filles avaient été endormies par une piqûre en rentrant. Edgar Morin trouvait cette rumeur particulièrement étonnante car elle s'était répandue dans toute la ville alors même qu'aucune disparition d'aucune fille de la ville n'avait été signalée. Ce qui le conduisit à voir dans l'apparition de cette rumeur, ainsi que dans sa large diffusion, le résultat d'un grave préjugé raciste : l'antisémitisme. **On avait affaire à une véritable erreur fondamentale d'attribution.**

1 POINT DE DÉPART

Préjugé sur les juifs (« ils ne sont pas comme nous ! », « ils restent entre eux ! », etc…).

= MÉFIANCE PASSIVE

2 FABRICATION

Une personne prétend qu'on lui a dit que, paraît-il, il y aurait des enlèvements dans les magasins de vêtements.

= FAUSSE NOUVELLE

3 RÉCEPTION

On croit que c'est possible puisqu'on se méfiait à la base de ces commerçants juifs. Ce qui sert de preuve, c'est simplement la disposition des gens à penser que les juifs sont par nature suspects.

= BIAIS DE DISPOSITION

4 DIFFUSION

Comme la source est anonyme, il suffit que l'histoire dépasse 2-3 personnes pour qu'on considère la multiplication des personnes comme gage de vérité, c'est-à-dire que c'est l'échange qui valide la rumeur.

= RUMEUR-ÉCHANGE

5 SUCCÈS

Aors que personne n'a déclaré de disparition (cause externe évidente), les gens continuent de croire et de relayer la rumeur.

= ERREUR FONDAMENTALE D'ATTRIBUTION

ON RÉCAPITULE

(POUR CEUX QUI N'ONT FAIT QUE REGARDER LES DESSINS **ET QUI N'ONT RIEN LU**)

La participation au débat d'idées est nécessaire au bon fonctionnement de nos démocraties. Elle permet l'échange, la délibération et donc le dialogue et l'écoute. C'est pour cette raison notamment que les médias en démocratie ont souvent veillé à favoriser la participation de leurs lecteurs, spectateurs ou internautes. Attention cependant : par définition, participation ne veut pas nécessairement dire fiabilité de l'information !

➔ Il faut donc savoir se repérer et bien faire la distinction entre le commentaire ou la participation à l'information et le travail de production d'une information. Concrètement : se méfier des recherches par #mots-clés et bien identifier la source des informations trouvées : journaliste ou militant ? universitaire ou politique ? anonyme ou non ?

Partager une information parce qu'on la trouve intéressante et importante est une excellente chose. En revanche, cela semble évident, mais il est important de ne pas se fier à la seule lecture des titres pour partager ou commenter ! Et avoir en tête qu'une fake news n'est pas toujours associée à un message négatif, elle existe aussi sous forme d'info sympa, drôle ou neutre.

➔ Les études sur les fake news (sciences de l'information et de la communication) ont bien montré comment le simple fait de poser des questions sur une fake news dans les réseaux sociaux permet d'alimenter sa diffusion. Bien entendu, c'est important et nécessaire de se poser la question de la validité d'une information, mais le mieux c'est de veiller à la poser à quelqu'un de compétent : une ou un professeur peut déjà t'apporter beaucoup d'outils ou d'éléments de réponse, une ou un journaliste également, et bien entendu une personne spécialiste du sujet.

Les préjugés représentent l'ensemble des croyances que l'on peut avoir sur un sujet ou des personnes qu'on ne connaît pas (encore), d'où le proverbe antique : « Les gens restent ennemis tant qu'ils ne se connaissent pas. »

➔ Il ne s'agit pas de se culpabiliser parce qu'on croit telle ou telle information, mais plutôt de rappeler une évidence : on admet plus facilement des défauts chez ceux qu'on perçoit comme étrangers à son groupe.
Tu comprends donc qu'on croit très rapidement une info qui prétendrait qu'une personne inconnue ou un groupe inconnu fait quelque chose de bizarre ou de mauvais. C'est de ce genre d'information dont il faut le plus se méfier.

– C’est vous le coupable, numéro 2312 !
– Vous dites ça parce que je suis noir !

CHAPITRE 4

FAKE NEWS HUNTER

« COMMENT CHASSER LES FAKE NEWS »

« LE CHASSEUR RENCONTRE LE GIBIER LÀ OÙ ILS N'ONT PAS PRIS RENDEZ-VOUS. »
PROVERBE MALIEN

« ON RECONNAÎT LE BON OUVRIER À SES OUTILS. »

PROVERBE FRANÇAIS, 1822.

LES OUTILS

1.
LES SITES CHASSEURS DE FAKE NEWS

2.
LA LÉGISLATION ANTI-FAKE NEWS

LES SITES CHASSEURS

Quand une info attire particulièrement ton attention, aie le réflexe d'aller faire un tour sur ces sites. La fake news n'y résiste pas longtemps. Tu peux même demander à ce qu'une vérification soit faite sur une info qui n'a pas encore été traitée.

HOAXBUSTER.COM

Première ressource francophone sur les canulars du web. Probablement le plus illustre des chasseurs de rumeurs et autres fake news. Il utilise le terme « hoax » qui signifie en anglais « canular, gag ». Ce site est très connu dans le milieu des informaticiens car il a beaucoup contribué au nettoyage des « spams » qui surgissent parfois dans ta boîte mail, ces messages indésirables et dangereux (car infectés par des virus ou logiciels espions) utilisant et véhiculant souvent des fake news. Son intérêt est qu'il encourage les internautes à signaler les « hoax » mais aussi à enquêter sur leurs sources. Il s'attaque à toutes les formes de fake news : articles, courriels, images, vidéos...

CHECKNEWS.FR

Le moteur de recherche humain. Il succède à la rubrique « Désintox » du journal *Libération* créée en 2008. Cette rubrique fut la première rubrique de « factchecking (vérification factuelle) à la demande » de la presse française. Ce moteur de recherche animé par des professionnels du journalisme donne accès aux vérifications qui ont déjà été faites mais aussi et surtout répond à des questions portant sur la réalité d'un ou plusieurs faits.

LES DÉCODEURS

Venons-en aux faits. La rubrique de factchecking du journal *Le Monde* s'inscrit dans la même logique que celle de CheckNews : comme une rédaction, elle mène des vérifications concernant des faits, affirmations ou rumeurs et approfondit les sujets en débat dans l'actualité. Elle répond aussi aux questions et sollicitations des internautes.

DE FAKE NEWS

VÉRIFIER N'EST PAS ANALYSER

La diffusion de fake news pose un réel problème de société car elle pollue le débat démocratique en induisant des jugements erronés, basés sur le mensonge ou des affirmations non vérifiées. C'est pourquoi il est essentiel de vérifier les informations – particulièrement celles qui sont les plus « frappantes » – à l'aide du « factchecking ». En revanche, il faut être conscient que vérifier si un fait est avéré ou si quelqu'un a bien dit telle ou telle chose n'équivaut pas à une analyse, c'est-à-dire que cela n'apporte pas nécessairement des éléments de compréhension ou de critique pour te faire une opinion sur le sujet concerné. Pour faire simple : le factchecking sert la connaissance, et l'analyse critique sert la prise de position.

FACTCHECKING

Littéralement cela signifie « vérification factuelle », c'est-à-dire le fait de vérifier si un fait est réellement établi ou pas. C'est le travail le plus important pour les journalistes, c'est même le cœur de leur métier. Leur carte de presse leur permet d'ailleurs d'accéder pour cela à des informations ou à des événements auxquels le simple citoyen n'a pas toujours accès. Ils peuvent donc vérifier directement à la source un fait, comme le font les envoyés spéciaux en partant à l'étranger.

DEPUIS TOUJOURS... Depuis les temps reculés de la Bible – avec les Dix Commandements : « Tu ne porteras point de faux témoignage contre ton prochain » (Exode 20,16), qu'on pourrait traduire en 2018 par : « tu ne lanceras pas de fake news contre ton poto » – jusqu'à aujourd'hui, les humains en société ont toujours vu comme un réel problème la propagation de fausses informations. Qu'elles visent à porter atteinte à un individu ou à un groupe – comme avec la calomnie (le mensonge) –, à influencer les actions des citoyens ou à les faire paniquer – comme avec les rumeurs –, elles ont toujours suscité des tentatives pour les limiter.

LA LÉGISLATION ANTI-FAKE NEWS

DEPUIS LE XIXᵉ s. La législation que nous connaissons aujourd'hui en France concernant les fausses nouvelles existe depuis le XIXᵉ siècle et rend la diffusion de fausses nouvelles (donc de fake news) répréhensible pénalement :

➔ **Article 27 de la loi du 29 juillet 1881 sur la presse :** « La publication, la diffusion ou la reproduction, par quelque moyen que ce soit, de nouvelles fausses, de pièces fabriquées, falsifiées ou mensongèrement attribuées à des tiers lorsque, faite de mauvaise foi, elle aura troublé la paix publique, ou aura été susceptible de la troubler, sera punie d'une amende de 45 000 euros. Les mêmes faits seront punis de 135 000 euros d'amende, lorsque la publication, la diffusion ou la reproduction faite de mauvaise foi sera de nature à ébranler la discipline ou le moral des armées ou à entraver l'effort de guerre de la Nation. »

➔ **Article 322-14 du code pénal :** « Le fait de communiquer ou de divulguer une fausse information dans le but de faire croire qu'une destruction, une dégradation ou une détérioration dangereuse pour les personnes va être ou a été commise est puni de deux ans d'emprisonnement et de 30 000 euros d'amende. Est puni des mêmes peines le fait de communiquer ou de divulguer une fausse information faisant croire à un sinistre et de nature à provoquer l'intervention inutile des secours. »

➔ **Article L97 du code électoral :** « Ceux qui, à l'aide de fausses nouvelles, bruits calomnieux ou autres manœuvres frauduleuses, auront surpris ou détourné des suffrages, déterminé un ou plusieurs électeurs à s'abstenir de voter, seront punis d'un emprisonnement d'un an et d'une amende de 15 000 euros. »

SOUS LE SOLEIL...

... rien de nouveau ! La réalité c'est que concernant les fausses nouvelles et donc les fake news dans le langage d'aujourd'hui : rien n'a changé si ce n'est les moyens de diffusion (réseaux sociaux, YouTube, etc.). C'est pour cette raison que de nombreux experts et praticiens (chercheurs et avocats) ont récemment souligné les limites d'une nouvelle législation sur le sujet qui, selon eux, serait soit inutile car redondante avec les lois existantes, soit liberticide, c'est-à-dire qu'en voulant en faire trop, on risquerait de porter atteinte à la liberté d'information (comment garantir la neutralité de l'État dans l'arbitrage entre la vraie et la fausse information ?) et de donner de nouveaux arguments aux adeptes des théories du complot (l'État vous ment, contrôle l'information, etc.).

LE BROUILLARD

Malgré les lois dont nous disposons et celles qui pourront y être ajoutées pour lutter contre les fake news, force est de constater que leur diffusion ultrarapide et parfois complètement automatisée grâce au web rend quasiment dérisoires les tentatives de les bloquer. En effet, remonter à leur source devient aussi difficile que de trouver qui est le premier à avoir fait la vanne « qu'est-ce qu'une vache qui mange un kiwi ? La vache kiwi ». Au final, la seule chose qui puisse arrêter efficacement les fake news : c'est nous ! Nous, lorsque nous avons les outils d'analyse et de critique nécessaires pour ne pas contribuer à les propager. Nous, lorsque nous acceptons de prendre le temps de vérifier ou tout simplement d'attendre que les choses se précisent avant de diffuser ce que nous avons vu ou entendu.

« JE ME VENGE DES MÉCHANTS PAR UNE PENSÉE CONTRE LA PERVERSITÉ HUMAINE, MES ARMES SONT BIEN INNOCENTES. »

PIERRE-JULES STAHL,
LES PENSÉES ET RÉFLEXIONS DIVERSES, 1841.

Le fait de contrer une mauvaise info ou une personne qui serait convaincue de sa fake news par une pensée juste de bonne foi, sans vouloir nuire, ne fera jamais de mal à quiconque. Donc tu peux y aller. Pas besoin de frapper quelqu'un pour qu'il comprenne ton point de vue.

LE KIT DU PARFAIT FAKE NEWS HUNTER

QUELQUES RÉFLEXES DE BASE

1.

C'EST QUOI TES SOURCES ?

– LA CRÈME SOLAIRE DANS LES YEUX

2.

LA PREUVE EN IMAGE ?

– LA PISCINE DE CRÉTEIL

3.

CROYANCE N'EST PAS SCIENCE

– LA THÉORIE DE LA TERRE PLATE

C'EST QUOI TES SOURCES ?

LA CRÈME SOLAIRE DANS LES YEUX

1

Différents médias français (BFM TV, RTL, *France-Soir*...) rapportent cette info : « Des Américains se sont mis de la crème solaire dans les yeux pour regarder l'éclipse. »

A.

Déjà, il faudrait essayer de se figurer la scène pour simplement vérifier la faisabilité et donc la crédibilité de cette information.

B.

Après une méditation de quelques minutes... on a déjà un début de conclusion : qui peut être assez fou (ou stupide) pour se mettre de la crème solaire dans les yeux ?

C.

La folie existe, donc on peut se dire qu'il faudrait vérifier pour savoir si réellement des gens dingues ont fait une chose pareille !

2

Certains de ces médias publient le témoignage suivant : « Un de mes collègues m'a raconté qu'hier, plusieurs patients sont venus à la clinique, souffrant de s'être mis de la crème solaire dans les yeux. Ils ont été redirigés vers un ophtalmologiste. » (Trish Patterson, infirmière au Prestige Urgent Care de Redding en Californie)

A.

Le premier indice qui permet de nous alerter (c'est sûr tu l'as repéré) : « un de mes collègues m'a raconté », donc ce n'est pas elle qui a vu la scène, cela signifie déjà qu'on entre dans une rumeur.

B.

L'anonymat d'une source est systématique dans une fake news : elle ne donne pas le nom de son « collègue ».

C.

Cette seule situation rend la vérification quasiment impossible : le doute sur la véracité de ce récit grandit !

3

Le premier média qui semble avoir recueilli cette information est une télé locale KRCR News Channel (du groupe ABC) : on peut y voir l'exacte citation relayée et même un morceau de la vidéo - interview de l'infirmière prononçant cette phrase.

A.

On peut au moins dire après vérification qu'un fait est confirmé : il y a bien une infirmière nommée Trish Patterson qui a raconté cette histoire à une chaîne de télé locale.

B.

En revanche, on ne sait toujours pas qui est son collègue, ni combien de patients exactement ont présenté ce trouble.

4

CONCLUSION

Les médias ont fait leurs titres avec une rumeur non vérifiée qui émanait d'un seul et unique établissement médical dans tous les États-Unis. Rien de bien méchant derrière ce qu'on peut raisonnablement penser être une fake news, mais un bon buzz basé sur du vent.

NOTA BENE : le journaliste qui a traité ce sujet et tous ceux qui l'ont relayé auraient impérativement dû procéder aux vérifications de base avant de relayer cette rumeur : interviewer le collègue en question, voire essayer de trouver les « patients » impliqués.

LA PREUVE EN IMAGE ?

LA PISCINE **DE CRÉTEIL**

Cette photo a été beaucoup relayée
sur les réseaux sociaux.

RÉFLEXE N° 1 : rester vigilant face à une photo qui suscite beaucoup d'émotion. Les journalistes ont toujours cela en tête. Si une photo fait réagir trop négativement ou trop positivement…tu dois être sur tes gardes.

RÉFLEXE N° 2 : observer attentivement la photo pour traquer les éventuelles traces de retouches. C'est souvent plus flagrant qu'on ne le croit.
Dans le doute, tu peux utiliser des outils en ligne d'analyse des photos, comme par exemple Forensically, en sachant qu'ils ne sont pas infaillibles !

RÉFLEXE N° 3 : vérifier si la photo n'est pas sortie de son contexte. C'est le cas ici, et c'est la manipulation fake la plus utilisée car la moins coûteuse… Pour vérifier l'origine d'une photo :

A. Enregistre l'image en faisant clic-droit (ou un appui long sur ton smartphone)

B. Va sur Google Images / « recherche par image » et glisse ta photo ou copie le lien de l'image dans la barre de recherche.

C. Tu trouveras en résultat toutes les pages web ayant diffusé cette image : articles de presse / extraits de film / albums photo personnels / correspondances…

D. En cherchant la plus ancienne version, tu retrouveras l'origine de la photo. N.B. : parfois, en cliquant sur la plus ancienne, tu trouveras d'autres résultats (ce sont les différentes copies de la photo). Reclique jusqu'à ne plus trouver de version plus ancienne.

E. Attention : Google Images utilise des algorithmes pour effectuer ses recherches, donc il peut faire plus facilement le lien entre ton image et une fake news si jamais il y a eu une trop importante diffusion de cette fake news.

CROYANCE N'EST

Même si on les trouve moins en France que sur le web anglophone : il existe des vidéos, images, débats et sites web qui viennent affirmer que la Terre est plate.

DERRIÈRE UN ARGUMENTAIRE QUI SE VEUT SÉRIEUX...

Les arguments avancés par les platistes sont factuels. Ils peuvent créer le doute car il s'agit de faits observés qu'on ne peut nier.

➔ **Les photos du globe vu de l'espace de la NASA sont retravaillées** (les platistes diront trafiquées) : c'est vrai, seules deux photos d'une face complète de la Terre ont pu être réalisées entre 1972 et 2015, les autres sont constituées de milliers d'images satellitaires compilées, comme l'explique la NASA. Mais en quoi ce fait prouve-t-il que la Terre est plate ?

➔ **« D'où qu'on regarde, l'horizon est plat »** ou « quand on prend l'avion avec un niveau sur sa tablette, la bulle reste au centre, alors que l'avion devrait piquer du nez pour suivre la courbure de la Terre »... : ces arguments ne reposent que sur la perception, visuelle en l'occurrence, mais une théorie que l'on prétend scientifique ne peut pas reposer sur notre seule perception ! Un scientifique pourra très bien t'expliquer ces faits avec les lois de la physique éprouvées et validées par des centaines d'expériences depuis des années (limites de notre champ visuel, phénomènes optiques, gravité...) !

Attention au biais de complaisance, qui peut nous pousser à nous amuser de ces personnes plus « stupides » que nous. Une attitude moqueuse ou méprisante ne peut que contribuer à renforcer les croyances de celui qui est visé.

➔ **L'expérience de Bedford Level en 1838 et la photo des gratte-ciel de Chicago sur le lac Michigan, de Joshua Nowicki :** ces deux cas font le régal des platistes : on a observé à l'horizon des éléments pourtant éloignés de plusieurs kilomètres, qui auraient dû être invisibles du fait de la courbure de la Terre. En réalité, tous deux ont comme point commun une surprenante illusion d'optique : un mirage supérieur, répondant aussi au joli nom de Fata Morgana (fée Morgane).

PAS SCIENCE
LA THÉORIE **DE LA TERRE PLATE**

... UNE CROYANCE :

Ce qu'on perçoit avec ces quelques exemples, c'est que l'argumentaire des platistes s'affranchit des principes fondamentaux de la méthode et de la rigueur scientifiques (ne pas conclure à une théorie sur la base de la seule perception, ne pas extrapoler des conclusions à partir de faits qui ne disent rien, à part qu'ils existent...). Et pour cause, on sort ici du raisonnement scientifique pour entrer dans le domaine de la croyance : les platistes ont pour argument principal leur défiance envers la science qu'ils qualifient d'« officielle », et à laquelle ils refusent de « croire ». Un positionnement intellectuel autrement moins rigoureux que celui qui régit la recherche scientifique, qui est certes portée par des institutions plus ou moins indépendantes du pouvoir politique, mais n'en a pas moins pour principe fondamental que toute conclusion doit être accompagnée d'une démonstration et apporter le moyen d'être réfutée (on n'affirme pas que l'atmosphère fait telle épaisseur comme ça, on donne toute la méthode de calcul et les outils que l'on a utilisés pour trouver ce chiffre).

Au fait, un peu de bon sens, quel intérêt aurait-on à cacher que la Terre est plate ? C'est souvent la question avec les théories du complot... Comme celle qui voudrait que Stevie Wonder nous mente depuis des années (« Il n'est pas aveugle, sinon pourquoi irait-il assister aux matchs de la NBA ?! »). Ben ouais c'est délire ça, de se faire passer pour un aveugle...

En somme, la « théorie » de la Terre plate est non seulement fallacieuse mais surtout inutile dans le fond : le doute est une bonne chose... encore faut-il qu'il soit méthodique (Big Up Descartes !).

« CE N'EST PAS LA VÉRITÉ QUI EST NUE, C'EST LA RECHERCHE DE LA VÉRITÉ QUI EST STRIP-TEASEUSE. »

EDGAR MORIN,
LE VIF DU SUJET, 1962.

EXERCICES PRATIQUES DE DÉPISTAGE

1.
LA VIDÉO YOUTUBE

2.
PHOTOS TRUQUÉES

LA VIDÉO YOUTUBE

Ce teaser promotionnel du film *La Planète des singes,* qui présente un chimpanzé s'emparant d'un AK-47 pour tirer sur des hommes, a été relayé par des centaines d'internautes comme une vidéo documentaire ! Pourtant, avec quelques réflexes de base, il était assez simple de ne pas tomber dans le panneau...

SOIS ATTENTIF AUX DÉTAILS

Ici, les mots « Research Library » et le format « archives » avec les références de temps et de lieu pourraient faire croire à une source sérieuse. Mais les producteurs ont incrusté le nom de la production cinématographique dans l'image : « 20th Century Fox » !

VÉRIFIE LE COMPTE YOUTUBE QUI DIFFUSE LA VIDÉO

C'est toujours révélateur. Ici « apeswillrise » signifie en français « les singes vaincront »… Il se peut que tu découvres la vidéo sur un site qui l'a relayée. Pour retrouver le compte source, va sur YouTube, tape les mots-clés décrivant la vidéo (ici : Ape, AK47), et trie les résultats : Filtrer/Trier par date de mise en ligne ou par nombre de vues.

LIS LES DESCRIPTIONS DE LA VIDÉO

Dans ce cas il est clairement écrit que ce sera bientôt dans les cinémas…

OBSERVE LA QUALITÉ DE LA VIDÉO

Si tu as une trop haute qualité d'image et de tournage, alors que la scène est censée avoir été filmée en catastrophe, ou au contraire, si la qualité est extrêmement faible ou l'image brumeuse, ce sont les indices d'une fake vidéo.

138K 5,6K PARTAGER ENREGISTRER •••

http://www.fandango.com/riseoftheplan...

À suivre

ANALYSE LES SUGGESTIONS DE VIDÉOS QUE TE FAIT YOUTUBE

Il y a deux types de suggestions sur cette bande : les vidéos qui seraient proches de ce que tu as tendance à regarder, et les vidéos qui sont thématiquement proches de celle que tu visionnes. Ces suggestions te permettent de voir si tu es face à un sujet sérieux ou si tu es simplement exposé à du « buzz ».

Une règle d'or :
ne t'engouffre jamais dans les commentaires ! D'abord parce qu'on a rarement vu quelqu'un changer d'avis suite à un débat sur YouTube mais surtout parce que les « haters » (rageux, haineux, provocateurs) se font un plaisir de détruire toute possibilité d'échanges en étant injurieux tout en prétendant répondre au débat.

PHOTOS TRUQUÉS

Cette photo fake des pyramides du Caire sous la neige a fait le tour du monde à plusieurs reprises sur les réseaux sociaux depuis 2013, accompagnée souvent de la même fake news selon laquelle il n'a pas neigé au Caire depuis 112 ans.

1. **NE TE LAISSE PAS ABUSER PAR LA LÉGENDE OU LES COMMENTAIRES :** la qualité médiocre de la photo, son grain peuvent déjà te mettre la puce à l'oreille sur le fait que cette photo n'est pas toute récente.

2. **FAIS UNE SIMPLE RECHERCHE SUR GOOGLE IMAGES** et tu vas vite découvrir la photo originale qui a été retouchée, et des sites t'expliquant clairement la supercherie !

3. **REGARDE BIEN LA DATE DE DIFFUSION :** cette photo a, par exemple, été rediffusée en mars 2018. Une simple vérification météo permet alors de vérifier que la température au Caire était alors comprise entre 17 et 31 degrés !

4. **INFORME-TOI :** par exemple, ici, tu découvriras vite que les épisodes neigeux, très rares dans cette région, sont souvent faibles et très fugaces, le soleil reprenant très vite ses droits : il ne neige pas assez pour couvrir les pyramides.

5. **EXPLORE LES VARIANTES DE CETTE FAKE PHOTO :** par exemple, ici, en tapant dans Google « neige au Caire », tu trouveras d'autres photos ayant circulé pour relayer la même fake news (le sphinx de Gizeh, par exemple), qui ont elles aussi été démasquées comme des photomontages ou photos sorties de leur contexte !

ON RÉCAPITULE

(POUR CEUX QUI N'ONT FAIT QUE REGARDER LES DESSINS **ET QUI N'ONT RIEN LU)**

Sois bien attentif au titre et aux légendes qui accompagnent une information.

➔ Plus tu trouves de majuscules, de points d'exclamation, de titres faciles voire trash... plus c'est suspect.

➔ Les allusions du style : les médias l'ont effacée, l'État l'a censurée, etc. doivent augmenter tes soupçons.

Évalue la crédibilité du média qui te livre l'info : site Internet, lien sur les réseaux sociaux, vidéo YouTube ou, pire, RuTube (l'équivalent russe de YouTube est un véritable nid à fake news) ? Cherche toujours l'info dans plusieurs types de médias, en privilégiant ceux alimentés par de vrais journalistes. Cependant, l'erreur est humaine et la manipulation courante, donc même les plus fiables peuvent se tromper ou être trompés. Les plus sérieux seront toujours ceux qui disent qu'ils se sont trompés.

TROUVE LA SOURCE ET TU TROUVERAS LA VÉRITÉ... PADAWAN !
Toute information qui se respecte doit citer ses sources. Si tu remontes à la source, tu dois pouvoir faire des recoupements : quand c'est flou ou qu'il n'y a que très peu de témoins, prudence !

Ne te laisse pas avoir par la force des images.
De nombreuses fake news reposent uniquement sur des images ou des vidéos car leurs effets sont puissants.

Les outils de recherche comme Google Images, TinEye, Yandex, Image Raider, Baidu ou encore Forensically te permettront de détecter les photomontages et photos sorties de leur contexte. Pour les vidéos, les indices sont nombreux et tu peux toi-même faire les recoupements, mais en cas de sérieux doutes et de difficultés : YouTube DataViewer a été mis au point par Amnesty International pour remonter aux origines d'une vidéo.

Et toujours garder en mémoire : les faits même vérifiés ne sont pas LA vérité mais seulement un morceau d'une réalité qui peut souvent être complexe... Il faut de l'analyse et du recul pour avoir toutes les pièces du puzzle.

- Bienvenue dans le bon endroit des bonnes nouvelles.
- Cool. Et y'a du WIFI ici ?

CHAPITRE 5

THE GOOD NEWS

« L'UTILITÉ DE DOUTER »

« LE SCEPTICISME EST LE PREMIER PAS VERS LA VÉRITÉ. »
DENIS DIDEROT,
PENSÉES PHILOSOPHIQUES, 1746.

« L'EXAMEN NE NUIT JAMAIS À LA VÉRITÉ, ET UNE CROYANCE AVEUGLE FAVORISE SOUVENT L'ERREUR. »
WILLIAM PENN,
LES FRUITS DE L'AMOUR D'UN PÈRE, 1790.

Même si t'es sûr d'un truc, vérifie-le,
ça fera pas de mal !

DE L'ESPRIT CRITIQUE

1.
IL EST NATUREL DE CROIRE

2.
IL EST NÉCESSAIRE DE REMETTRE EN QUESTION

IL EST NATUREL DE CROIRE

CROIRE OU SAVOIR ?

C'est une question qui a toujours occupé les plus anciens philosophes. Platon (427 av. J.-C.–348 av. J.-C.) a ainsi formalisé notre rapport à la réalité en distinguant deux approches de celle-ci. D'une part, l'opinion ou la doxa, qu'on peut appeler croyance aujourd'hui. Et d'autre part, l'épistémè, qui correspond à l'idée de savoir ou de science. Pour lui, la première est imprécise, voire parfois fausse, alors que la seconde ne souffre pas d'incertitude. Platon s'inscrivait ainsi dans la lignée de son maître Socrate (470 av. J.-C.–399 av. J.-C.), auteur de la célèbre maxime : « Je sais que je ne sais rien. »

CROIRE... Il est tout à fait normal de croire : tu ne peux pas tout savoir, donc tout ce que tu ne sais pas avec exactitude rentre dans le champ de la croyance. « Je crois que c'est le directeur qui frappe à la porte », ce n'est pas comme : « Je sais : c'est le directeur qui frappe à la porte. » Le fait de croire à des principes, d'avoir des convictions, peut par ailleurs être un excellent moteur d'action. Dans un autre registre, enfin, il y a les croyances héritées ou choisies (croyances religieuses, spirituelles ou populaires partagées par une communauté, un pays ou une tradition) qui n'ont pas vocation à être dans le domaine du savoir, car elles s'assument comme faisant partie du domaine de la foi (du latin *fides* et du grec *pistis* : faire complètement confiance). On peut, bien entendu, les discuter, mais sans perdre de vue l'écoute intelligente et le respect mutuel qui permettent des échanges apaisés.

... ET SAVOIR. S'il est naturel de croire, il est essentiel de cultiver le savoir : moins tu sais de choses, moins tu seras éclairé dans ce que tu penses ou fais. Imagine que tu es au volant d'une voiture et que tu rentres dans une ville que tu ne connais pas et dont tu ne maîtrises ni la langue ni la culture.
Si quelqu'un occupe la place du passager et te dit qu'il connaît bien la ville, que ce soit vrai ou faux, tu n'as aucun moyen de le vérifier et, de fait, tu restes soumis aux informations de ce passager. En revanche, si tu sais déchiffrer la langue sans pour autant connaître la ville, et si tu as appris à te repérer tout seul sur une carte, tu peux te débrouiller tout seul ou au moins vérifier la validité de ce qu'on t'indique. Plus tu sauras de choses, plus tu gagneras en autonomie, c'est-à-dire que tu sauras faire des choix en toute conscience et surtout en toute liberté.

TA RAISON

C'est elle qui te permet de faire la distinction entre croire et savoir, entre vrai et faux. Elle aussi a occupé les plus grands penseurs de l'humanité : Socrate a marqué l'Histoire justement parce qu'il avait osé (il sera condamné à mort pour ça) considérer que la raison, c'est-à-dire la capacité d'analyse et de compréhension en vue de la vérité sur toute chose, est la plus haute des facultés et la plus essentielle à l'humain. La raison est ta plus précieuse alliée, celle qui t'aide dans tes décisions pour évaluer le meilleur choix, et qui te permet de poser les bonnes questions.

TA CONVICTION

Les croyances anciennes ou traditionnelles ont notamment pour fonction de créer du commun au sein d'un groupe, de faire le lien avec ses origines et nous permettre de nous situer dans l'Histoire. Les anthropologues appellent cela les « imaginaires » : pas par dénigrement mais plutôt pour montrer que même imprécis (à la différence d'une science), ceux-ci fournissent des « images », des symboles qui alimentent la culture d'une population. Mais il existe aussi des croyances tournées vers l'avenir, comme l'utopie. Signifiant littéralement « lieu ou espace qui n'est pas là », elle consiste à imaginer un monde différent, un futur souhaitable (par exemple, un monde plus juste, une planète plus propre…). Loin d'une simple rêverie, elle contribue à élargir le champ des possibles pour changer les choses.

IL EST NÉCESSAIRE DE REMETTRE EN QUESTION

RAISON-NE-MENT : notre faculté de raisonnement et d'apprentissage s'appuie sur deux mécanismes : la comparaison et l'expérience. Par exemple, pour apprendre à un enfant ce qu'est la couleur bleue, tu peux utiliser la comparaison avec ce qu'il connaît déjà (le bleu, c'est comme la couleur du ciel…) ou faire appel à son expérience (c'est la couleur du drapeau que nous venons de voir…). Grâce à cette faculté de raisonnement, tu peux distinguer le vraisemblable de l'invraisemblable.

CRITIQUE OU SCEPTIQUE

Dire d'une personne qu'elle est critique ou sceptique est parfois considéré comme négatif, alors que l'exercice de ces deux facultés est très important au quotidien. Le scepticisme vient du grec *skepsis* qui signifie « examen » : c'est l'attitude qui consiste à examiner les choses avant de les considérer comme vraies. Le scepticisme représentait un mouvement philosophique important chez les Grecs, un peu après Socrate, et les membres de ce mouvement se faisaient souvent appeler des zététiciens, du grec *zêtêtikos* qui signifie « qui aime chercher ». Le fait d'être sceptique ou critique ne signifie pas forcément adopter une attitude de refus ou de rejet systématique. L'idée est de rechercher, de vérifier, ce que nous-mêmes nous prenons pour vrai. Il est en effet facile de rejeter ce que nous ne croyons pas, comme le font si souvent les complotistes en faisant passer leur démarche pour de l'esprit critique et du scepticisme.

CAUSALITÉ

Albert Michotte (1881-1965), psychologue belge, et Jean Piaget (1896-1980), psychologue suisse, ont montré que nous sommes tous dotés d'un raisonnement causal, et ceci depuis la petite enfance. Le raisonnement causal est l'opposé de la pensée magique. Lorsqu'un enfant voit un objet disparaître, il n'y attribue pas d'explication magique (disparition par magie), mais ressent plutôt de l'étonnement car il ne comprend pas tout de suite la cause qui a fait disparaître l'objet. Comme le disait Aristote : « Le commencement de toutes les sciences, c'est l'étonnement. » C'est lui qui fait naître l'esprit critique : lorsque tu te dis « ah bon ? vraiment ? », tu cherches ou remets en question la cause de ce qu'on te présente.

PASSE L'EXAMEN

Le véritable examen critique consiste à savoir poser des questions, plutôt que de croire naïvement ou de rejeter systématiquement ce qu'on nous affirme. Prenons le cas d'une vidéo YouTube dans laquelle une personne en apparence sincère te raconte comment sa vie a changé après avoir écouté la conférence de quelqu'un. Tu peux déjà te dire que c'est peut-être vrai mais que ça peut être aussi le cas en allant à un concert de Johnny. Si le sujet te semble intéressant, il serait judicieux de procéder à un examen de base : qui est cette personne ? En quelle qualité s'exprime-t-elle ? Si elle se présente comme philosophe, alors son discours doit contenir des références que tu dois pouvoir vérifier (car philosopher n'est pas l'art d'inventer des idées mais celui de questionner clairement les choses et de dire comment on tente d'y répondre). Si son intention est spirituelle, alors ce doit être dit clairement (il n'y a aucune honte à parler de spiritualité, sauf s'il y a derrière des intentions inavouables). Si elle se présente comme scientifique, alors elle doit citer ses sources car depuis l'invention de la roue, personne ne fait de découvertes tout seul sans que d'autres aient débroussaillé le chemin avant lui : le grand scientifique Isaac Newton disait : « Si j'ai vu plus loin, c'est en montant sur les épaules de géants » (1675), en s'inspirant d'un texte de Bernard de Chartres (1070-1130).

ATTENTION

Des scientifiques avérés peuvent parler de choses sortant totalement soit de leur cadre de compétence - comme un physicien qui parlerait de science politique -, soit de leur champ d'expérimentation - comme un anesthésiste qui évoquerait ce qui se passe après la mort. Pour ce dernier, il peut avoir étudié plusieurs cas qualifiés de « EMI » (Expérience de mort imminente) et parler scientifiquement de ce qui se passe durant cette phase, mais il ne peut pas sérieusement parler de ce qu'il y a après. En tout cas pas scientifiquement. Sur cette question, chacun a le droit d'avoir ses croyances, opinions ou même intuitions, mais, il faut les prendre pour ce qu'elles sont : incertaines.

« TOUTE FICTION EST UN VOL DE LA RÉALITÉ ET IL LUI ARRIVE D'Y RETOURNER, DE S'Y CONFONDRE. »

TAHAR BEN JELLOUN,
LE PREMIER AMOUR EST TOUJOURS LE DERNIER,
1995.

LA FICTION AIDE À COMPRENDRE

LES EFFETS POSITIFS DE LA FICTION

LES EFFETS POSITIFS DE LA FICTION

FICTION EN SCIENCE

« La fiction est une simulation de la sphère sociale. De la même manière que certains améliorent leurs capacités de pilotage via un simulateur de vol, ceux qui lisent des romans peuvent faire progresser leurs compétences sociales. » C'est ce qu'explique le Canadien Keith Oatley qui a dirigé une étude en psychologie parue en août 2016. Dans le cadre de celle-ci, on a notamment demandé aux sujets d'expérimentation de deviner l'humeur d'une personne sur la base d'une photo de ses yeux. Le résultat, également basé sur une IRM, a montré que plus on était amateur de fiction, plus on parvenait facilement à deviner les émotions des autres. En bref, ton empathie, c'est-à-dire ta capacité à comprendre les émotions des autres, se muscle avec la lecture d'une fiction. Alors bien sûr, les auteurs de l'étude semblent montrer que la qualité de l'œuvre en question est importante. Pour le dire autrement, plus les personnages auront une certaine complexité, plus tu assimileras divers traits de personnalité qui te permettront de mieux comprendre les gens. Concernant notre sujet des fake news, cette qualité t'aide à être plus prudent lorsqu'on te rapporte des informations fondées sur des préjugés. D'ailleurs, notre rapport à la fiction nous rend justement plus attachés à la précision de l'information : c'est le cœur de l'exercice romanesque.

FICTION TRAINING

Depuis près de 20 ans, de nombreuses recherches ont été menées sur le rapport entre notre psychologie et la lecture d'œuvres de fiction. Grâce à l'imagerie du cerveau, par exemple, on a pu constater que lorsqu'une personne lisait dans un livre qu'un personnage tirait sur une corde, le cerveau du lecteur s'activait comme s'il tirait lui-même la corde dans la réalité. C'est dire toute l'importance de la fiction dans notre propre réalité. Ces études ont permis de comprendre, par exemple, que lire de la fiction représentait un entraînement social, c'est-à-dire que tu fais toujours des rapprochements entre les personnages que tu lis dans un livre et ceux que tu connais dans la réalité. En conséquence, tu arrives, par ce type de lectures, à mieux saisir les nuances de ce qui t'entoure, tu t'éloignes du piège binaire : blanc ou noir, mal ou bien. Tu comprends aussi que les actes des gens suivent des itinéraires et que même quelque chose qui peut sembler monstrueux n'est pas le surgissement soudain du mal : c'est toujours plus compliqué.

DEUX EXEMPLES :

LES MISÉRABLES

Cette œuvre magistrale de Victor Hugo affiche dès le titre son ambition politique remarquable : raconter une histoire dont les héros sont des « misérables ». L'auteur précise, ainsi, dans son exergue :

« Tant qu'il existera, par le fait des lois et des mœurs, une damnation sociale créant artificiellement, en pleine civilisation, des enfers, et compliquant d'une fatalité humaine la destinée qui est divine ; tant que les trois problèmes du siècle, la dégradation de l'homme par le prolétariat, la déchéance de la femme par la faim, l'atrophie de l'enfant par la nuit, ne seront pas résolus ; tant que, dans certaines régions, l'asphyxie sociale sera possible ; en d'autres termes, et à un point de vue plus étendu encore, tant qu'il y aura sur la terre ignorance et misère, des livres de la nature de celui-ci pourront ne pas être inutiles. »

VICTOR HUGO, HAUTEVILLE HOUSE, 1862.

Ce roman, comme *Germinal* d'Émile Zola, est emblématique du pouvoir qu'a la fiction de développer notre empathie. Il nous donne en effet à voir et à comprendre les histoires individuelles qui peuvent conduire des personnes dans des situations désastreuses. Il cultive ainsi notre capacité à éviter les jugements hâtifs.

LES COMIC BOOKS

Bien avant que leurs adaptations n'inondent nos cinémas, les BD Marvel et DC Comics, qui existent depuis le début du XXe siècle, ont contribué à changer la perception du monde de beaucoup d'Américains et ont souvent participé aux changements sociaux et culturels de leur société. Les « X-Men », par exemple, ces mutants rejetés parce que différents et parfois supérieurs, sont parus en plein contexte de lutte des « Africains-Américains » pour leurs droits civiques et ont permis une lecture plus nuancée et empathique de ce qui se déroulait politiquement et socialement dans les États-Unis des années 1960.

« *SI NOUS ATTACHONS TROP D'IMPORTANCE À DE PETITES CHOSES, ELLES NOUS DONNERONT AUTANT D'INQUIÉTUDE QUE SI ELLES EN VALAIENT LA PEINE.* »

WILLIAM PENN,
LES FRUITS DE L'AMOUR D'UN PÈRE, 1790.

DONNER PRIORITÉ À L'INFORMATION

1.

POURQUOI SE PRENDRE LA TÊTE SUR LE RIEN ?

2.

IL EST SAIN DE NE PAS TOUT SAVOIR

POURQUOI SE PRENDRE

DIVERTIR À l'origine ce terme désignait surtout le fait de « détourner quelqu'un de quelque chose d'important ». S'il y a bien un moteur qui génère des fake news aujourd'hui, c'est le divertissement par le buzz, ces informations que personne n'a demandées sur des événements qui n'intéressent personne, mais suffisamment choquantes pour être largement diffusées. Ces « buzz » portent très bien leur nom : un bourdonnement aussi agaçant qu'inutile, qui te détourne de ce qui est très certainement plus important dans ta vie. On ne dit pas par là que c'est ce qui va t'empêcher de sauver un dauphin ou de trouver un remède au cancer. On dit juste que probablement un des moyens les plus efficaces pour faire barrage à ce flot continu de buzz, et avec eux de fake news, ce serait de te consacrer davantage à ce qui te passionne : ton sport, tes œuvres ou activités préférées... Évidemment, tu ne vis pas tout seul sur une île, donc ne pas être au courant du dernier potin ayant dépassé les 500 000 vues sur Internet peut être compliqué socialement (quoique...). Mais entre être simplement au courant de ce potin et chercher à le diffuser, voire à en trouver d'autres, il y a un fossé !

À QUOI ÇA SERT ?

Si on se posait plus souvent cette question, beaucoup de fake news ne passeraient pas. Si on reprend l'exemple de la théorie de la Terre plate : les platistes t'expliquent que les dirigeants et scientifiques du monde entier se sont tous mis d'accord pour créer une immense arnaque afin que tu croies que la Terre est sphérique. Ce serait tellement important qu'ils sont obligés d'organiser de faux lancements de fusées, que les avions font discrètement des détours pour éviter que tu voies que la Terre est plate, que tous les programmes de physique doivent inventer des formules mathématiques fausses très élaborées pour t'expliquer, dès le plus jeune âge, des choses fausses, comme la gravité par exemple. Sérieusement, ça leur servirait à quoi ?? De nombreuses fake news se fondent sur l'idée qu'on t'a menti. Pourtant, garder en tête le principe « pourquoi faire compliqué lorsqu'on peut faire simple » te permettra d'évacuer pas mal d'affirmations farfelues.

LA TÊTE SUR LE RIEN ?

FAKE SERVICE

En revanche, diffuser ce genre de fake news a pour avantage, pour ceux qui s'en servent, de fragiliser tes références (surtout scientifiques) et donc de brouiller ton rapport à la réalité. Te faire croire que tout le monde te ment est le meilleur moyen de te mentir efficacement. Au lieu de t'armer – comme le fait le raisonnement scientifique, qui a pour principes fondamentaux l'honnêteté intellectuelle et le doute méthodique –, ces manipulateurs veulent instiller chez toi le doute maladif, la paranoïa, qui aura comme effet d'abord de te faire perdre la confiance que tu pourrais avoir dans ta capacité à discerner le vrai du faux, voire ensuite de te faire agir dans leur unique intérêt.

IL EST SAIN DE NE PAS TOUT SAVOIR

JUNK NEWS
Comme la « junk food » qui désigne en anglais la « malbouffe », il y a une mauvaise et massive consommation de l'information, une sorte de boulimie de l'info. On ne le dit jamais assez : « Trop d'info tue l'info. » Or, aujourd'hui, avec la multiplication incroyable des moyens d'information et de connaissance, on pourrait presque croire qu'il est interdit de ne pas « être au courant ». Dès lors, il est de plus en plus difficile de répondre « je ne sais pas » à une question dont on ne possède pas la réponse. C'est pourtant la plus élémentaire des leçons de philosophie : « Je sais que je ne sais rien », disait Socrate. Cette phrase paradoxale veut dire que le vrai savoir consiste dans le fait de parfaitement saisir l'étendue de son ignorance.

IMMOBILE
Une des manifestations classiques de notre empathie est le fait d'intervenir spontanément lorsque quelqu'un tombe par terre devant nous. Les chercheurs ont même découvert que notre cerveau traduisait chimiquement ce que l'on pouvait ressentir si nous étions à la place de la personne qui tombe. Le psychologue Jacques Lecomte a consacré tout un livre à ce type de découvertes : *La Bonté humaine*. En revanche, il y a quelque chose qui peut lourdement affecter cette empathie, c'est la surexposition à des situations malheureuses. Reprenons l'exemple de la personne qui tombe : il se passe quelque chose de désagréable dans ton cerveau lorsque l'incident se produit (comme si ça t'arrivait) et cette sensation désagréable est remplacée positivement si tu viens en aide à la personne. Si tu assistes trop souvent, voire continuellement, à des scènes où des personnes vivent des incidents (via les chaînes d'info en continu ou les réseaux sociaux, par exemple), tu auras à chaque fois cette sensation désagréable, et au bout d'un moment, ton cerveau va décider de couper cette sensation, étant donné que tu ne peux pas intervenir. Ainsi, progressivement et naturellement, tu te retrouveras désensibilisé, avec une empathie diminuée. Il est donc important de t'interroger sur ce que tu peux supporter de regarder (surtout si c'est régulier) et ce sur quoi tu peux avoir un minimum d'action.

« Qui augmente sa connaissance augmente son ignorance »,
disait Friedrich Schlegel.

Par exemple, ces toutes dernières années, la recherche en astronomie a fait des découvertes impressionnantes sur l'Univers. Avant, on pensait que le modèle « une étoile entourée de planètes qui tournent autour d'elle – qualifiée de soleil – était une chose rare dans l'Univers. Or, après la récente découverte de nombreux soleils et d'autant de planètes tournant autour (plusieurs milliers pour le moment), les scientifiques se demandent si finalement notre Système solaire, au lieu d'être une exception, ne serait pas plutôt un modèle classique de ce qu'on peut trouver dans l'Univers. Cette nouvelle connaissance nous ouvre ainsi la porte vers un plus grand océan d'ignorance.

« QUI N'A PAS AU MOINS UNE FOIS ESSAYÉ NE SAIT PAS CE QU'IL PEUT. »

PROVERBE LATIN

FAKE NEWS : LE TEST

1. LES QUESTIONS

2. LES RÉPONSES

LES QUESTIONS

On passe aux choses sérieuses ! Je vais vérifier que tu n'as pas juste regardé les dessins jusqu'à présent et que tu as bien compris comment repérer une fake news. À toi d'enquêter pour savoir si ces news sont FAKE ou VRAIES. Utilise toutes les armes qu'on t'a données et ne triche pas !

1 ***« LE SAVIEZ-VOUS ? "MINIONS" (DE L'ALLEMAND MINION QUI SIGNIFIE SBIRE) ÉTAIT LE NOM DONNÉ AUX ENFANTS JUIFS ADOPTÉS PAR LES SCIENTIFIQUES NAZIS POUR RÉALISER LEURS EXPÉRIENCES. ILS PASSAIENT UNE GRANDE PARTIE DE LEUR VIE À SOUFFRIR, ET COMME ILS NE PARLAIENT PAS ALLEMAND, LEURS MOTS ÉTAIENT DES SONS QUI FAISAIENT BEAUCOUP RIRE LES ALLEMANDS. »***

➔ Ce post Facebook d'un certain Luciano Gonzales, accompagné d'une photo en noir et blanc où l'on voit des hommes équipés d'un casque à hublot ressemblant de loin aux Minions du dessin animé, a été partagé plus de 40 000 fois.

2 L'AUTEUR DES TROIS MOUSQUETAIRES ÉTAIT NOIR.

➔ Au XIXe siècle, Alexandre Dumas, cet écrivain français parmi les plus connus au monde a signé plusieurs drames et romans historiques comme *Les Trois Mousquetaires*, *Le Comte de Monte-Cristo* et *La Reine Margot*.

3 BIENTÔT, IL Y AURA PLUS D'IMMIGRÉS QUE DE FRANÇAIS EN FRANCE (LA THÉORIE DU « GRAND REMPLACEMENT »).

➔ On entend de plus en plus ce type de propos : avec l'arrivée des migrants qui viennent d'Afrique, de Syrie, sans compter les Roms, la France ferait rentrer des immigrés en masse sur son territoire.

4 LE MONDE EST GOUVERNÉ PAR DES REPTILIENS.

➔ Des reptiles extraterrestres à l'allure humaine gouvernent secrètement notre planète. Ils représentent 50% de la population et se nourrissent d'humains. Nicki Minaj, George W. Bush, Katy Perry, Barack Obama ou encore Nicolas Sarkozy sont en fait des reptiliens…

Source : https://www.youtube.com/watch?v=9eNJcuG_ztM

Attention cette vidéo est très flippante.

5 LES STATUES ANTIQUES GRECQUES ÉTAIENT COLORÉES.

➔ L'équipe de recherche du Réseau de polychromie de Copenhague, qui a réalisé ces colorisations, explique que contrairement à ce que l'on croit le plus souvent, la Grèce et la Rome anciennes étaient tout sauf blanches.

6 MAÎTRE GIMS A UN ŒIL PLUS PETIT QUE L'AUTRE.

➔ C'est l'historien du hip-hop Olivier Cachin qui l'a déclaré lors d'une interview en mai dernier où il expliquait les différents tics et complexes de certains rappeurs. Il affirme que Maître Gims aurait un complexe de taille vis-à-vis d'un de ses yeux, qui expliquerait pourquoi il se balade quasiment H24 avec ses lunettes sur le nez.

7 APRÈS L'OURAGAN SANDY, UN AQUARIUM EXPLOSE DANS UN CENTRE COMMERCIAL, LAISSANT DES REQUINS NAGER ENTRE LES BOUTIQUES.

C'est impressionnant. D'autant que l'intervention afin de les reprendre sans les blesser et les mettre dans une réserve d'eau suffisante, le temps de les reloger, est coûteuse et périlleuse. On parle d'une opération de près de 250 000 dollars.

8 KEVIN RAZY EST D'ORIGINE PAKISTANAISE.

Né en France et ayant grandi à Paris, Kevin est le fils d'un Sino-Haïtien et d'une Franco-Pakistanaise.

Source : https://www.programme-tv.net/biographie/219250-razy-kevin/

9 LA NAISSANCE DE CLÉOPÂTRE EST PLUS PROCHE DE LA SORTIE DU DERNIER IPHONE QUE DE LA CONSTRUCTION DES PREMIÈRES PYRAMIDES.

Fake ou pas ?

LES RÉPONSES

1 FAKE !

Le 20 juillet, le Chilien à l'origine de la légende urbaine a publié un autre post où il affirme avoir voulu «faire un test» pour montrer que 90 % des internautes qui lisent un texte introduit par «le saviez-vous» le prennent pour une vérité.

➔ **Pour en savoir + : Les Inrocks https://www.lesinrocks.com/2015/07/news/comment-un-internaute-a-fait-croire-que-les-minions-etaient-des-victimes-des-experiences-nazies/**

2 VRAI !

Eh ouais ! Alexandre Dumas était ce qu'on appelait plus exactement un mulâtre à l'époque, autrement dit un métis aujourd'hui. Son père était haïtien. Il y avait déjà de la diversité, c'est juste qu'elle était difficilement acceptée, et pendant longtemps les origines de Dumas ont été étrangement tues, notamment dans les programmes scolaires… Lors du transfert de sa dépouille au Panthéon, en 2002, le président Jacques Chirac l'a ainsi reconnu officiellement dans son discours : « La République, aujourd'hui, ne se contente pas de rendre les honneurs au génie d'Alexandre Dumas. Elle répare une injustice (…). Fils de mulâtre, sang mêlé de bleu et de noir, Alexandre Dumas doit alors affronter les regards d'une société française qui (…) lui fera grief de tout : son teint bistre, ses cheveux crépus, à quoi trop de caricaturistes de l'époque voudront le réduire, sa folle prodigalité. Certains de ses contemporains iront même jusqu'à lui contester la paternité d'une œuvre étourdissante et son inépuisable fécondité littéraire qui tient du prodige. »
Aujourd'hui, il y a plus de Noirs écrivains, comme celui dont vous lisez le livre actuellement.

➔ **Pour en savoir + : France Info (Bon OK c'est pas de la littérature mais laissez-moi kiffer…) https://la1ere.francetvinfo.fr/2014/02/11/le-general-dumas-grandeur-et-decheance-du-comte-noir-120259.html**

3 FAUX !

Eh oui c'est une fake news reprise notamment par certains politiques pour faire peur et se faire élire, sauf que tout est faux. En 2011, on comptait en France 5,4 millions d'immigrés et 3,7 millions d'étrangers pour 65 millions d'habitants.

➔ Pour en savoir + : Le Monde / Les Décodeurs https://www.lemonde.fr/les-decodeurs/article/2014/08/06/sept-idees-recues-sur-l-immigration-et-les-immigres_4467506_4355770.html#partie1

N'OUBLIE PAS : regarde bien la date. Ici, l'article a été mis à jour il y a 3 ans, c'est pas récent, mais c'est pas encore TROP vieux pour ce type de question. Du coup, faut recouper avec d'autres sources quand même :
L'Obs : https://www.nouvelobs.com/societe/20180109.OBS0357/immigration-que-repondre-a-votre-beau-frere-qui-croit-au-grand-remplacement.html

On vérifie bien qui écrit l'article, ici ce n'est pas un blogueur ni un contributeur mais bien un journaliste de *L'Obs*, qui a été aussi rédacteur en chef adjoint. (Et l'article date de 2018, et toc !)

4 FAUX !

Bon, la qualité des effets spéciaux de la vidéo parle d'elle-même, non ? Aujourd'hui, si tu peux mettre un filtre de chien sur ta tête en 1 click avec ton portable, tu peux aussi monter n'importe quelle vidéo. Ici, aucune preuve concrète et précise de ce qui est avancé. Juste un montage bidon à bande-son flippante. Donc si quelqu'un te dit "les reptiliens existent", réponds « OK, prouve-moi qu'ils existent et sans montage, juste avec de vraies sources vérifiées. » A priori, il n'aura plus grand-chose à te montrer. (Sauf si les reptiliens existent vraiment, dans ce cas-là, envoie-moi un DM sur Instagram @kevinrazy et COURS !)

5 VRAI !

On les voit tout le temps blanches et pourtant… C'est ce qu'elles sont devenues avec le temps mais elles étaient peintes à l'origine !

➔ Pour en savoir + : Sciences et Avenir https://www.sciencesetavenir.fr/archeo-paleo/archeologie/quelle-etait-la-veritable-couleur-des-statues-de-l-antiquite_104217

6 QU'EST-CE QU'ON EN A À FAIRE ??

Si c'est pas une news déterminante pour ta vie, celle de la société, ta santé ou celle de ton chat… Bah tu t'en fous.

7 FAUX !

Cette photo existe bien… mais sans les requins ! C'est la conséquence d'une inondation dans la station de métro Union Station à Toronto.
On voit bien que l'eau arrive aux chevilles des personnes à gauche de l'image.
L'auteur du montage reconnaît sur son profil Twitter que c'est un hoax, et il se marre bien de sa vanne.

➔ Pour en savoir + : France Info https://www.francetvinfo.fr/monde/ameriques/cinq-photomontages-qui-circulent-sur-sandy_162649.html

8 FAUX !

Je suis français d'origine mauricienne. Pour vérifier, il suffisait de taper « Kevin Razy origine » sur ton moteur de recherche. Et constater très vite que le mot « mauricien » ressort.
En tapant « Kevin Razy Maurice », on trouve ensuite plusieurs liens : un magazine mauricien (**http://www.5plus.mu/visages/bientot-dans-lile-lhumoriste-kevin-razy-jespere-que-les-mauriciens-sont-fiers-de-moi**), des vidéos où je le dis moi-même (**https://www.youtube.com/watch?v=1jpag-i-yzs**)... Je le dis même dans mon sketch du Marrakech du Rire 2017.

Je ne félicite pas programme-tv.net pour avoir balancé sans vérification ce qui était écrit sur ma page Wikipédia (corrigée depuis !).

9 VRAI !

Pour chercher la réponse, il te suffit de trouver deux informations : la date de construction de la première pyramide et celle de la naissance de Cléopâtre. Ici, livre d'histoire, encyclopédie. (Wikipedia pourra te donner une idée, mais encore une fois, tout n'y est pas toujours exact.)
La première pyramide date d'environ 4700 ans.
Cléopâtre est née aux alentours de 69 av. J.-C., soit 2086 ans avant la sortie de l'iPhone X (en 2017).
Nous sommes en 2018 après Jésus-Christ au moment où nous écrivons ce livre. Donc la première pyramide aurait été construite en 2018–4700= - 2682, en français : 2682 av. J.-C. Cléopâtre est née en 69 av. J.-C. Ce qui fait : 2682–69 = 2613 ans d'écart avec la construction de la première pyramide. Contre 2017+69 = 2086 ans d'écart entre la naissance de Cléopâtre et la sortie de l'iPhone X.
Donc oui... La naissance de Cléopâtre est plus proche de la sortie du dernier iPhone que de la construction des premières pyramides !

➔ **Pour en savoir + : sur ce type de questions historiques, rien de mieux qu'un petit tour au CDI. Encyclopédies, livres d'histoire, ton documentaliste te donnera les meilleurs tuyaux !**

CONCLUSION

Si tu lis cette phrase, c'est que tu es arrivé à la fin de cet ouvrage (ou que tu croyais que t'allais lire un manga et que tu t'es trompé de sens).

Le but de ce livre, c'est que tu le refermes en ayant au moins appris quelque chose, même un petit truc, mais au moins UNE info. Si c'est le cas, pour Hamza et moi, on a gagné.

Si ce n'est pas le cas, je vire Hamza et j'écris mon prochain livre avec toi.

Blague à part, si on doit retenir une chose essentielle de *Fake News*, c'est que : remettre en question, c'est sain, mais affirmer quelque chose sans pouvoir le prouver, c'est moche.

J'espère que tu as aimé ce livre, n'hésite pas à poster sur les réseaux et à en parler autour de toi.

On t'aime fort, prends soin de toi et surtout... ne sois jamais FAKE !

SOMMAIRE DÉTAILLÉ

CHAPITRE 1
GAME OF NEWS 9

CHAPITRE 2
LA CASA DE NEWS 37

CHAPITRE 3
GOSSIP NEWS 65

SOMMAIRE DÉTAILLÉ

CHAPITRE 4

CHAPITRE 5

BIBLIOGRAPHIE DÉTAILLÉE

OUTILS ET BONS RÉFLEXES :

5 ASTUCES POUR REPÉRER UNE FAKE NEWS (CNEWS) :

https://www.cnews.fr/vie-numerique/2018-04-27/5-astuces-pour-reperer-une-fake-news-779984

COMMENT VÉRIFIER UNE PHOTO ? (FRANCE 24)

http://observers.france24.com/fr/20180401-intox-guide-verification-comment-verifier-photo-factchecking

LA THÉORIE DU COMPLOT DE LA TERRE PLATE DÉCORTIQUÉE EN DEUX VIDÉOS ! (OTB - OUTSIDE THE BOX)

Le top 5 des raisons pour lesquelles la Terre est plate.
https://www.youtube.com/watch?v=eIStNQOjv9k&frags=pl%2Cwn

LE TOP 5 DES RAISONS POUR LESQUELLES LA TERRE N'EST PAS PLATE.

https://www.youtube.com/watch?v=oIfpDWR7Evs

SUR LES IMAGES QUI COLPORTENT LES RUMEURS :

Froissart, Pacal, « Des images rumorales en captivité : Émergence d'une nouvelle catégorie de rumeur sur les sites de référence sur Internet. », *Protée* 2004.
https://doi.org/10.7202/011258ar

SUR LES FAKE NEWS DANS L'HISTOIRE :

Robert Darnton (directeur de la bibliothèque de l'université Harvard : « On retrouve tout au long de l'histoire l'équivalent de l'épidémie actuelle de fake news », Le Monde.fr, 20 février 2017. **https://www.lemonde.fr/idees/article/2017/02/20/la-longue-histoire-des-fake-news_5082215_3232.html**

SUR LES MÉCANISMES PSYCHOLOGIQUES ET SOCIAUX QUI FAVORISENT L'ADHÉSION AUX THÉORIES DU COMPLOT :

Wagner-Egger, Pascal et Bangerter, Adrian, « La vérité est ailleurs : corrélats de l'adhésion aux théories du complot », *Revue internationale de psychologie sociale*, tome 20, n° 4, p.31-61.

https://www.cairn.info/revue-internationale-de-psychologie-sociale-2007-4-page-31.htm

BIBLIOGRAPHIE (suite) DÉTAILLÉE

- Balle, Francis, *Les Médias*, Paris, Presses universitaires de France, 2017.
- Balle, Francis, et Eymery, Gérard, *Les Nouveaux Médias*, Paris, Presses universitaires de France, « Que sais-je », 1990.
- Brétéché, Marion, et Cohen, Évelyne, *Fausse information de la Gazette à Twitter,* Paris, Nouveau Monde éditions, 2018.
- Clegg, Brian, *3 minutes pour comprendre les 50 notions fondamentales de la physique*, traduit par Michèle Morin, Paris, Le Courrier du livre, 2016.
- Leclercq, Sophie, *Les Discours médiatiques*, TDC, n°1104, 1er juin 2016 ;
- *L'Ère de la désinformation: Des États-Unis à l'Indonésie, les fake news ont envahi le monde : comment les combattre ? Les réponses de la presse étrangère, Courrier International*, hors-série 063, 2017.
- Loewer, Barry, *3 minutes pour comprendre les 50 plus grandes théories philosophiques*, traduit par Marie-Noëlle Antolin, Paris, Le Courrier du livre, 2011.
- Parsons, Paul, *3 minutes pour comprendre les 50 plus grandes théories scientifiques*, traduit par Marina Duval, Paris, Le Courrier du livre, 2010.

Chaque thème qui a été abordé dans ce livre fait référence à de nombreuses recherches, réflexions et histoires qu'on aurait beaucoup aimé te raconter dans les détails mais on se dit que c'est mieux que tu puisses explorer tout ça de ton côté. Ce que tu peux déjà faire, c'est passer du temps en bibliothèque ou en CDI ou même en librairie : recherche les informations complémentaires en regardant chaque thème, chaque sujet, et en regardant les bibliographies des livres qui te semblent intéressants, c'est ce qui te permettra d'aller toujours un peu plus loin sur un sujet. Et bien sûr, que ce soit à la bibliothèque, au CDI ou même en librairie : celles et ceux qui y travaillent se feront un grand plaisir de t'aider dans tes recherches et surtout te feront gagner du temps !

BONNE LECTURE !

Achevé d'imprimer sur les presses de Printer Portuguesa (Portugal) en janvier 2019.